Josef Giger-Bütler

Finde Halt in dir selbst

Innerer Dialog und Innerer Raum

Patmos Verlag

VERLAGSGRUPPE PATMOS

PATMOS
ESCHBACH
GRÜNEWALD
THORBECKE
SCHWABEN
VER SACRUM

Die Verlagsgruppe
mit Sinn für das Leben

Die Verlagsgruppe Patmos ist sich ihrer Verantwortung gegenüber unserer Umwelt bewusst. Wir folgen dem Prinzip der Nachhaltigkeit und streben den Einklang von wirtschaftlicher Entwicklung, sozialer Sicherheit und Erhaltung unserer natürlichen Lebensgrundlagen an. Näheres zur Nachhaltigkeitsstrategie der Verlagsgruppe Patmos auf unserer Website www.verlagsgruppe-patmos.de/nachhaltig-gut-leben

Bibliografische Information der Deutschen Nationalbibliothek
Die Deutsche Nationalbibliothek verzeichnet diese Publikation in der Deutschen Nationalbibliografie; detaillierte bibliografische Daten sind im Internet über http://dnb.d-nb.de abrufbar.

Verlagsgruppe Patmos in der Schwabenverlag AG, Ostfildern
www.verlagsgruppe-patmos.de

Umschlaggestaltung: Finken & Bumiller, Stuttgart
Umschlagabbildung: Maxim Berg / unsplash.com
Gestaltung, Satz: Schwabenverlag AG, Ostfildern
Druck: CPI books GmbH, Leck
Hergestellt in Deutschland
ISBN 978-3-8436-1500-6

Josef Giger-Bütler

Finde Halt in dir selbst

Innerer Dialog und Innerer Raum

Inhalt

Vorwort

Menschen stehen heutzutage mehr denn je vor den verschiedensten Herausforderungen. Überall werden Erwartungen an sie gestellt: im Beruf, in der Familie, hinsichtlich der Erziehung der Kinder oder was das finanzielle Auskommen betrifft. Immer sollen sie Stellung beziehen und Entscheidungen treffen, am besten sofort und ohne lange zu überlegen. Das führt schnell dazu, dass man etwas falsch formuliert oder andere einen falsch verstehen. Die Folge sind Probleme in vielerlei Hinsicht.

Oft wissen wir aber auch gar nicht genau, was wir eigentlich wollen und wie wir zu etwas stehen. Oder es fehlt uns an der Überzeugung, eine eigene Meinung haben zu dürfen. Schließlich liegt es doch an uns selbst, zu entscheiden, was wir wollen und was uns wichtig ist. Manche drücken sich allerdings vor der Frage, wie das weitere Leben aussehen soll und was sie vielleicht zufriedener werden lässt. Wer aber keine eigene Meinung hat und sie entsprechend vertreten kann, hat auch nicht die Kraft und Überzeugung, sich für sich und sein Anliegen einzusetzen.

In manchen Zusammenhängen hat sich zudem der Gesprächston verschärft, die Menschen sind genervter, häufig empfindlicher und ungeduldiger, was deutlich mehr an Aufmerksamkeit und Präsenz im Denken und Sprechen verlangt, als das früher der Fall war.

Viele von uns haben es heute also nicht ganz einfach, selbstbewusst Entscheidungen zu treffen und selbstverantwortlich zu handeln. Wie aber will ich wissen, was ich in welchen Situationen will oder was mir wichtig ist? Ich bin mir zwar am nächsten und doch vielfach sehr weit weg von mir. Der Weg zurück zu mir, zu dem, was ich will und möchte, gleicht häufig einem Labyrinth, das meist nicht zum Ziel, sondern zu noch mehr Verwirrung und Ohnmacht führt. Wenn wir uns dennoch vornehmen, uns mit uns und unserem Leben zu befassen, zu klären, was wir wollen, was in uns vorgeht und was uns wichtig ist, fehlt uns oft die Zeit oder das Bedürfnis, uns mit uns selbst auseinanderzusetzen. Oder wir wissen nicht, wie wir es angehen sollen. Sich zu kennen und sich mit sich auseinanderzusetzen, bedeutet für die meisten eine Herkulesarbeit, der man sich erst gar nicht stellen mag oder die man schnell wieder aufgibt, weil man sich damit heillos überfordert fühlt. Deshalb geht man solchen Situationen lieber aus dem Weg oder schließt sich der Meinung anderer an.

Wie aber sollte man sich und seine Bedürfnisse, seine innersten Beweggründe kennen, wenn man sich ständig den Erwartungen anderer fügt und ungeprüft dem folgt, was viele für richtig halten? Es ist heute nicht einfach, überzeugt und selbstbestimmt seinen Weg zu gehen. Zu vieles ist zu komplex und zu schwierig, um es schnell und gut bewältigen zu können. Genau an dieser Stelle kommt der Innere Dialog ins Spiel. Er kann eine große Hilfe sein, wenn es darum geht, sich selbst besser kennenzulernen und mit sich und seinem Leben besser klarzukommen. Er ist leicht zu handhaben, bedarf keiner großen Einführung und keiner besonderen sprachlichen Fähigkeiten, um schon bei den ersten Versuchen zu überraschenden Ergebnissen zu kommen.

Im Inneren Dialog kommen wir mit einem besonderen Teil unserer Persönlichkeit ins Gespräch, dem sogenannten Alter Ego. Wir können dabei aber auch ein Gespräch mit einem ausgewählten Gesprächspartner führen, den oder die wir uns gerade imaginieren. Es ist ein gegenseitiges Wahrnehmen, ein Aufeinander-Hören und Aufeinander-Reagieren. So einfach spielt sich der Innere Dialog ab, der auch mir selbst in vielen Fällen Stütze und Hilfe war und immer noch ist. Eine Stütze ist er, weil ich mich im Inneren Dialog zu mir hin öffne und ebenso gegenüber dem von mir gewählten und vorgestellten Gesprächspartner. Sprechen und auf das hören, was der andere mir im Inneren Dialog zu verstehen gibt, schafft eine Zusammengehörigkeit, die immer wieder überraschende Gedanken und Lösungen hervorbringt.

Selbst wenn man vor dem Gespräch, das man mit sich oder einem anderen innerlich führt, nicht weiß, was man sagen soll, braucht man keinerlei Angst zu haben, plötzlich nicht mehr weiterzuwissen. Das Gespräch wird immer einen Weg finden. Das mag sich seltsam anhören. Aber die Gedanken fließen, ohne dass ich weiß, woher sie kommen. Sie bringen neue Aspekte und unvorhergesehene Wendungen und Lösungen, die man sich zuvor nicht zurechtgelegt hat und auf die man selbst nach langem Überlegen oft nicht gekommen wäre. Es sind Gedanken, die überraschen – und das, obwohl es die eigenen sind.

Der Innere Dialog hat zum Ziel, Antworten auf Fragen zu finden, aber auch, wie es gelingen kann, dass man sich zum Beispiel in einer bestimmten Situation für oder gegen etwas entscheidet. Häufig geht es dabei um Fragen, die einen nicht zur Ruhe kommen lassen. Der Innere Dialog ist zudem ein geeignetes Instrument, um mit etwas abzuschließen, dem eigenen Leben eine neue Richtung zu geben oder ganz einfach um, wie man so sagt, Dampf abzulassen. Er hilft mir dabei, widersprüchliche Gefühle und Einstellungen besser zu verstehen und sie gegebenenfalls zu verändern, bevorstehende Gespräche und Begegnungen besser zu planen, Ängste und traumatische Erfahrungen an mich herankommen zu lassen und sie zu verarbeiten. Nicht zuletzt kann er auch dabei helfen, Einsamkeit zu überwinden. Es gibt eigentlich keinen Bereich im Leben, den man nicht zum Thema seines Inneren Dialogs machen kann. Man ist ganz bei sich und braucht keine Angst zu haben, sich für einen Gedanken schämen oder sich entschuldigen zu müssen.

Um mit sich sprechen zu können, sich von der Welt abzuwenden und ganz auf das innere Gespräch hin auszurichten, braucht es einen Inneren Raum, in dem man in dieser Zeit geschützt und abgeschirmt ist. Wenn man dann ganz bei sich ist und verbunden mit einem imaginierten Gegenüber, entsteht eine ganz eigene Stimmung aus Spannung und Spontaneität. Der so geschaffene Innere Raum gibt mir die Ruhe, die ich für den Inneren Dialog brauche. Er wird zur Grundlage und Voraussetzung für einen ehrlichen und persönlichen Inneren Dialog und ermöglicht die Freiheit und Unabhängigkeit, die der Innere Dialog zu seiner Entfaltung braucht. Erst im sicheren Inneren Raum kann das innere Gespräch Tiefe und Intensität erreichen, kann Neues und auch Unerwartetes entstehen.

Der Innere Dialog führt zu einem Mehr an Selbsterkenntnis und Lebensqualität. Hier kann ich das, was mir wichtig ist oder mich belastet, mit meinem Alter Ego zusammen von allen Seiten her betrachten und so zu einem größeren Verständnis meiner selbst kommen. Ich kann dabei Fehler machen, ohne mich dafür rechtfertigen oder entschuldigen zu müssen. Ich kann in Ruhe nachholen, was ich vielleicht schon früher mir hätte anschauen und klären müssen. Hier kann ich neue Denk- und Verhaltensweisen einüben, um sie später im realen Leben umzusetzen.

Das vorliegende Buch soll Menschen Mut machen, den Schritt zum Inneren Dialog zu wagen und zu erfahren, wie einfach und selbstverständlich so ein Gespräch mit sich selbst sein kann. Mit sich sprechen kann jeder und jede, dazu braucht es keine Fachleute und keine ellenlange Einführung. Das Buch soll alle, die es lesen, erfahren lassen, dass mit dem Inneren Dialog Gefühle von Hilflosigkeit und der Überforderung verschwinden. Der Innere Dialog macht den Menschen in seinem Denken, Handeln und Entscheiden sicherer, kann Ambivalenzen auflösen und zu Eindeutigkeit führen. Es gibt keinen ehrlicheren Weg zu sich selbst.

Mit dem Inneren Dialog habe ich ein Werkzeug an der Hand, das mich näher zu mir bringt und die Voraussetzungen dafür schafft, Wichtiges in meinem Leben in neue Bahnen zu lenken und es vielleicht neu auszurichten. Der Innere Dialog ist nicht einfach nur ein Gespräch, sondern etwas viel Größeres und Tiefgreifenderes, das mir dabei helfen kann, mich so in mir zu fühlen, wie ich es mir immer gewünscht habe. Mit ihm sind Veränderungen möglich, die vorher undenkbar schienen. All diese Dimensionen des Inneren Dialogs Ihnen, dem Leser oder der Leserin dieses Buches, näherzubringen, ist mein Anliegen.

Josef Giger-Bütler, im April 2024

I. Innerer Dialog – Voraussetzungen, Funktionen, Beispiele

Was ist Innerer Dialog?

Im Inneren Dialog spreche ich mit mir selbst. Ich begegne darin einem anderen Teil von mir, meinem Alter Ego, um Entscheidungen vorzubereiten oder neue Verhaltensweisen zu üben und durchzuspielen. Ich gebe diesem Alter Ego aber keinen bestimmten Auftrag im Gespräch, sondern versuche nur, das Gespräch in einer positiven und aufbauenden Haltung anzugehen – und erwarte das auch von meinem Alter Ego. Zum Sprechen gehört aber auch das Zuhören. Indem ich auf mein Gegenüber, auf mein Innerstes höre, bekomme ich Impulse und Anregungen für mein weiteres Leben. Im Inneren Dialog sind mein Alter Ego und ich ein erfolgreiches Team.

Ich kann innerlich jedoch auch mit einer von mir ausgewählten und imaginierten Person sprechen, zum Beispiel mit meinem Vorgesetzten, einer Kollegin, meiner Mutter, einem Kind, einem Freund. Zudem kann man sich ganz unterschiedliche Themen frei aussuchen. Der Innere Dialog ist aber vor allem ein Gespräch, das ich größtenteils mit mir selbst, mit meinem Alter Ego führe, um Entscheidungen vorzubereiten oder neue Verhaltensweisen zu üben und durchzuspielen. Man kann sich den Inneren Dialog als ein Rollenspiel vorstellen, das einem hilft, sich zu verstehen und damit mehr Sicherheit und Vertrauen in sich selbst zu gewinnen. Sicherheit vermittelt die Erfahrung, dass dieses Selbstgespräch in Gang kommt und sich fortentwickelt, ohne anfangs schon eine klare Vorstellung von Verlauf und Ziel zu haben.

Für einen Inneren Dialog sind zudem keine speziellen Vorkenntnisse notwendig. Es reicht, mit sich selbst sprechen wollen, grob zu wissen, worüber man sprechen will, und einen Zeitpunkt und Ort zu wählen, an dem man ungestört ist, um ein erfolgreiches und befriedigendes Gespräch mit sich führen zu können. Diese wenigen Voraussetzungen machen es einfach, den Inneren Dialog zur Klärung wichtiger Fragen und als Helfer und Begleiter zu wählen.

Wenn sich der Innere Dialog nicht an mein Alter Ego wendet, sondern mehr an einen bestimmten Menschen, den ich mir bei meinem Gespräch als Gegenüber vorstelle, geht es meist um zurückliegende Ereignisse. Auch Entscheidungen – zurückliegende oder kommende – lassen sich so durchspielen. Es kann zum Beispiel um verschiedene Strategien bei Konflikt- oder Problemlösungen gehen, darum, etwas zu klären und vielleicht entsprechend zu korrigieren, um auf diese Weise gefestigter und souveräner in eine neue Situation zu gehen. Ebenso kann man im Inneren Dialog vergangene Gespräche nachspielen, um seine eigenen Reaktionen und Gefühle und die des Gesprächspartners besser zu verstehen. Solche Gespräche nehmen Angst und geben Sicherheit.

Wenn ich selbst einen Inneren Dialog starte, beginne ich meist mit dem, was mich in diesem Moment beschäftigt, indem ich mich zum Beispiel frage: »Ich fühle mich heute nicht gut, was ist eigentlich los mit mir?« oder »Wie komme ich mit dem Nachbarn ins Gespräch – soll ich mich darauf vorbereiten oder nicht?« Meist geht es dann sozusagen automatisch weiter, indem mein Alter Ego irgendeine Frage stellt oder eine Bemerkung macht, und zwar, ohne dass ich mir diese vorher zurechtgelegt habe. Das Alter Ego fragt mich beispielsweise: »Was genau meinst du damit?« oder »Da musst du mir mehr zu sagen, da scheint ja schon einiges vorgefallen zu sein!« Dann spüre ich dem nach, was in mir als Antwort auftaucht. Es ist wie der Anfang eines Fadens, der sich von selbst vor mir aufzurollen beginnt. Mehr Gedanken mache ich mir aber nicht. Weder ich selbst noch das Alter Ego brauchen einen Einflüsterer. Aus vorangegangenen Erfahrungen weiß ich, dass das Gespräch von selbst weitergeht, immer weiter und weiter. Ich verlasse mich darauf und spreche spontan und so, wie ich es gewohnt bin. Das ist möglich, weil der Innere Dialog und das Alter Ego den Gesprächsverlauf unter sich regeln – ohne jede Textvorgabe. Das klingt vielleicht zunächst etwas seltsam. Aber wenn man sich ganz auf das Gespräch ausrichtet, entwickelt es eine Art Eigenleben. Man könnte auch sagen, dass der spontane Gesprächsverlauf einer inneren Logik gehorcht, die ihre Richtung ganz von selbst mitbestimmt. Von Beginn an kann und darf man völlig spontan sprechen und weitersprechen, ohne schon die nächsten Gedanken zu kennen oder einen ganzen Ablauf oder ein bestimmtes Ziel vor Augen zu haben. Mit dem Sprechen fließen die Gedanken, und es kommt einem selbst und dem Alter Ego immer etwas Neues in den Sinn, das nichts mit vorangegangener Erfahrung oder Übung zu tun hat. Zwischendurch bemerkt man vielleicht, dass das Gesagte nicht zutrifft oder einem nicht stimmig erscheint, korrigiert es – und das Gespräch geht weiter. Es fließt, Korrekturen fließen mit ein, ergeben sich, alles fließt weiter, und das eigentliche Thema und die entsprechenden Antworten kristallisieren sich zunehmend mehr heraus.

Es fühlt sich so an, als ob in meinem Inneren alles schon bereitliegen würde und nur abgerufen werden müsste. Als müssten bereits vorhandene Gedanken nur noch neu geordnet werden, die sich dann im weiteren Verlauf zu Lösungen und Antworten formen. So erhält das Gespräch immer wieder neue Impulse und Anregungen. Es gleicht einem »Perpetuum mobile«. Diese Dynamik macht den Inneren Dialog zu etwas ganz Speziellem, das ein »normales« Gespräch nicht leisten kann.

»Was soll ich denn als Alter Ego sagen?« höre ich öfter. Meine Antwort ist immer dieselbe: »Da müssen Sie sich gar keine Gedanken machen. Sagen Sie einfach, was Ihnen in diesem Moment in den Sinn kommt.« Man antwortet ganz spontan, sagt, was einem gerade einfällt, unzensiert und frei. Darum geht es. Und es funktioniert.

Wer meint, für den Inneren Dialog eine Art Regieanweisung erstellen zu müssen, liegt falsch. Sie würde – wenn das überhaupt gelänge – dem Inneren Dialog alles nehmen, was ihn ausmacht und was er an Möglichkeiten bietet. In einem solchen engen Korsett gäbe es keine Entfaltung, es könnte nichts Neues entstehen.

Der Innere Dialog geschieht in Abwesenheit eines Mitmenschen. Andere erfahren davon immer nur so viel, wie ich es zulasse. Was in meinem Inneren vor sich geht, bleibt mein Geheimnis. Es ist etwas vom Verborgensten und damit Persönlichsten meiner selbst. Weil man im Inneren Dialog allein mit sich selbst ist, muss man auch mit keiner Kritik oder Bewertung rechnen und braucht niemandem zu gefallen. Das entlastet und macht frei.

Voraussetzungen: Der Innere Raum

Ganz ohne Voraussetzungen kommt der Innere Dialog jedoch auch nicht aus. Denn um in den Inneren Dialog eintreten zu können, muss man zuvor einen »Inneren Raum« schaffen, in dem das Gespräch stattfinden kann. Der Innere Dialog ist angewiesen auf diesen Inneren Raum, um alle seine Möglichkeiten ausschöpfen zu können. Wir brauchen ihn, um uns sicher, frei und aufgehoben zu fühlen und im Gespräch möglichst viel an Neuem für uns herausholen zu können.

Wenn ich mich zu einem Inneren Dialog entschließe, wende ich mich von der Außenwelt ab, um ganz bei mir, meinen Gefühlen und Gedanken zu sein. Die Absicht, mit mir selbst zu reden, lässt mich einen Platz wählen, an dem ich ungestört bin. Das kann in einem bestimmten Zimmer in der eigenen Wohnung sein, im Wald bei einem Spaziergang oder im Auto auf einem Parkplatz. Jede und jeder spürt, wo er oder sie ungestört bei sich sein und verweilen kann. Fühlt man sich ständig durch Außenreize gestört, lässt sich kein guter Innerer Raum für sich herrichten. Damit fehlt eine wichtige Grundlage für den Inneren Dialog. Das Finden eines solchen äußeren Rahmens ist also ein wichtiger und notwendiger Bestandteil des Inneren Dialogs. Nur so, ohne äußere Unruhe und Ablenkung, ist der Rückzug auf sich möglich, kann man sich ganz auf das Gespräch ausrichten. Es ist dieses Zusammenspiel von Innerem Raum und Innerem Dialog, was das Besondere an meinem Gespräch mit mir selbst ausmacht.

Erst wenn wir das loslassen können, was uns von uns selbst entfernt, können wir uns ernsthaft und uneingeschränkt mit uns auseinandersetzen. Erst so kann jedes Gespräch zu etwas ganz Besonderem werden.

Im Abwenden von der Außenwelt und indem man sich auf sich und auf das Gespräch ausrichtet, wird ein Raum geschaffen und eine Stimmung erzeugt, die den Boden ebnet für ein intensives und persönliches Gespräch. Dieser Innere Raum, der ganz ohne äußere Ablenkung bleibt, bildet die Grundlage für einen konstruktiven Inneren Dialog. Das Zusammenspiel von Innerem Raum, Mensch und Innerem Dialog erzeugt eine Kraft, die dem Inneren Dialog zu seiner Wirkung und Einmaligkeit verhilft.

In diesem Inneren Raum, in dem die Zeit keine Rolle spielt und kein äußerer Druck stört, können auch diffus Gespürtes und unklar Gedachtes zum Thema des Inneren Dialogs werden. Gefühle, die wir nicht greifen, nur schwer beschreiben können, verunsichern oft, weil wir nicht wissen, was sie zum Ausdruck bringen wollen und wie wir vorgehen können, um zu Klarheit oder einer Auflösung der Unsicherheit zu gelangen. Es ist wie bei Wörtern oder Namen, die einem entfallen sind: Je angestrengter man danach sucht, je mehr man sich unter Druck setzt und je nervöser und ungeduldiger man wird, umso weiter entfernen sie sich. Lagen sie einem anfänglich noch sozusagen auf der Zunge, verblassen sie, je mehr man versucht, sie zu fassen. Man kommt nicht mehr davon los und versucht ständig, sie dennoch zu finden oder das Verborgene zu entdecken. Je ungeduldiger und nervöser man wird, umso unklarer und sprunghafter wird man im Denken, was wiederum die Nervosität steigert und den eigenen Unmut verstärkt. Die fast zwanghafte oder übertriebene Konzentration auf einen bestimmten Gegenstand blockiert das Denken.

Deshalb ist ein als zwanglos erlebter Innerer Raum von großem Wert, weil sich das Fühlen und Denken nur unter solchen Bedingungen von allem äußeren Zwang befreien und Worte und Namen bekommen kann. Unsicherheiten, gespürte, aber nicht ausformulierte Gedanken oder diffuse Gefühle brauchen einen Rahmen und eine Atmosphäre, die Geborgenheit und Sicherheit garantieren, Gelassenheit und Vertrauen schenken. Erst das ermöglicht uns die Ruhe und Präsenz, die notwendig ist, um uns vollständig auf uns und das innere Gespräch konzentrieren zu können. Weil der Innere Raum uns Sicherheit und Vertrauen gibt, können wir uns öffnen und zeigen. Wir können uns geben, wie wir sind und wie niemand sonst uns in dieser Offenheit sehen kann.

Der Innere Raum ist ein persönlicher und verschwiegener und damit auch geheimnisvoller Raum der Gedanken, Gefühle und Stimmungen im Inneren des Menschen. Hier wird deutlich, wie sehr der Innere Dialog und der Innere Raum sich gegenseitig bedingen. Denn ohne den Inneren Raum wird das Gespräch zu einer Enttäuschung. Der Innere Dialog baut auf dem Inneren Raum auf. Fehlt dieser, so fehlt ihm das Fundament und damit geht all das an Tiefe, Spontaneität und Kreativität verloren, was ihn ausmacht und was an Veränderung möglich wäre. Im dritten Kapitel dieses Buches gehe ich noch einmal ausführlich und weiterführend auf die Bedeutung des Inneren Raums für den Inneren Dialog ein.

Welche Funktionen hat der Innere Dialog?

Im Inneren Dialog geht es Menschen ganz persönlich und ganz direkt um sie selbst und ihr Leben, um einzelne Lebenssituationen oder um den Sinn des Lebens schlechthin. Hier lebt, denkt, spricht und entscheidet nur man selbst. Im Durchspielen, Suchen und Entwerfen von Ideen, Strategien und Konzepten geht es uneingeschränkt wie nirgends sonst um einen selbst und sein eigenes Wohlergehen. Der Innere Dialog ist daher auch ein konkretes Umsetzen der Vorstellung, für sich selbst verantwortlich zu sein: Ich wähle diesen Weg, wenn ich etwas verändern will. Andere Absichten des Inneren Dialogs können sein, etwas dazuzulernen, Neues zu erfahren, etwas zu verbessern oder hinter sich zu lassen.

Der Innere Dialog hilft mir, mit mir selbst und in Bezug auf andere weiterzukommen, mein Lebensgefühl zu verbessern und Wege zu finden, um in den verschiedensten Lebensbereichen erfolgreicher und eindeutiger zu handeln, Unsicherheiten zu reduzieren und Schuldgefühle abzubauen.

Im Inneren Dialog konkretisiert sich, was man im Leben mehr und vielleicht intensiver ausleben will. Man gibt dem, was einem wichtig ist, Raum und Zeit. Es geht beim Inneren Dialog also um mehr als nur um ein Gespräch. Er verhilft dem Menschen zu neuen Möglichkeiten und zu einer besseren Lebensqualität. Man übernimmt, lebt und trainiert damit letztlich seine Selbstbestimmung. Es geht um ein bewusstes Loslassen, Erneuern oder Verändern von Haltungen, Einstellungen und Verhaltensweisen.

Im Inneren Dialog erfahren wir, wie viele Kräfte und wie viel Entschlossenheit in uns stecken, er hilft uns, diese Kräfte zu mobilisieren, insbesondere wenn es darum geht, das eigene Leben selbstverantwortlich zu leben. Hier können wir Ernst damit machen, unserem Leben nicht einfach ausgeliefert zu sein, sondern ihm mehr Sinn und Gehalt zu geben und zu mehr Zufriedenheit zu kommen.

Der Innere Dialog hat verschiedene Zielsetzungen. Ich kann ihn beispielsweise nutzen, wenn ich etwas über mich wissen oder etwas verstehen will, wenn ich Strategien entwickeln möchte für schwierige Lebenslagen oder zur Problemlösung. Ich kann aber auch in den Inneren Dialog gehen, wenn ich mich verändern möchte und mehr Vertrauen in mich und meine Entscheidungen entwickeln will, sicherer auftreten und ausgeglichener und zufriedener leben möchte. Zudem hilft der Innere Dialog dabei, die Fähigkeiten, die in mir stecken, zu entdecken und sie in meinem Leben dann auch nutzen zu können.

Möglich wird das, weil ich im Inneren Dialog verschiedene Gesprächssituationen durchspielen und einüben kann, zum Beispiel, wie ich mich verhalten kann, wenn ich verbal angegriffen werde, wenn jemand im Gespräch lügt oder etwas behauptet, das nicht stimmt, wenn jemand beleidigend oder ausfallend wird oder mir zu verstehen gibt, dass er mich nicht ernst nimmt, mir nicht glaubt. Ich erfahre also im Inneren Dialog, wie ich reagiere, wenn ich Angst habe, nicht mehr weiterweiß, den Gesprächsfaden verliere oder mir widerspreche. Und ich kann mit Distanz darauf schauen, was passiert, wenn ich die Kontrolle verliere, vielleicht sogar aggressiv werde, mich unterlegen oder überfordert fühle. Ich muss aber keine Angst haben, mit meiner Reaktion in diesem Moment mein Gegenüber zu verletzen oder etwas zu sagen, das ich später bereuen werde. Denn außer mir nimmt niemand es wahr, was ich in meinem Inneren ausprobiere und durchspiele. Wenn ein Gespräch sozusagen an der Wand endet, kann ich es einfach wieder von vorne beginnen oder noch einmal ganz anders führen. Indem ich diese Situationen sozusagen vorwegnehme und mir Antworten und Erwiderungen überlegen kann, werde ich gelassener und gehe mit weniger Angst und Aufregung in ein Konfliktgespräch.

Der Innere Dialog eignet sich also dazu, etwas auszuprobieren und ebenso, um zu erfahren, was man will, was man anders machen möchte, was zu einem passt, was dem entspricht, was man an Werten lebt oder leben möchte. Er ermöglicht, sich ehrlich zu erfassen und zu erkennen, wo man sich in Gesprächen und Begegnungen immer wieder verrennt und von sich entfremdet. Es wird einem selbst deutlich, wann und warum man schlechte Erfahrungen macht, warum man sich dabei schlecht fühlt, aber auch, warum man sich häufig selbst schlecht darstellt oder schlechtmacht, obwohl man das nicht müsste.

Im Inneren Dialog ist sozusagen alles erlaubt, wir können Fehler machen, uns Zeit lassen, müssen nicht alles sofort erledigen wie häufig im »echten Leben«, es muss uns nicht alles sofort gelingen, wir können enttäuscht sein und dürfen die Enttäuschung auch ausleben. Wir können hier ein Gespräch entnervt und verzweifelt beenden, um es jederzeit wieder aufzunehmen, ohne Erklärung, Rechtfertigung oder Gesichtsverlust.

Manchmal sind wir allerdings vielleicht nicht in der Verfassung, den geeigneten Moment für einen Inneren Dialog zu finden, sei es, dass unsere Probleme oder Sorgen nicht aufhören wollen, ständig störend in unser Bewusstsein einzudringen, oder ein Schmerz so groß ist, dass wir sehr schnell merken, dass ein solches inneres Gespräch mit uns selbst daneben keinen Raum hat, selbst wenn wir das Gefühl haben, dass es dringend und dringend notwendig wäre, mit uns selbst in Dialog zu treten. Es gibt Tage, da passt und geht einfach nichts und da hat auch ein Innerer Dialog keinen Platz. Zudem eignet sich nicht jedes Thema für jeden Tag und in jedweder psychischen Verfassung. Das ist nichts Besonderes und kein Grund, an sich oder am Nutzen des Inneren Dialogs zu zweifeln. Es ist diese Freiheit, sich den Zeitpunkt für das Gespräch selbst aussuchen zu können, die den Inneren Dialog zu etwas Besonderem werden lässt. Diese Freiheit macht kreativ. Niemand kann uns hineinreden oder den Gesprächsfluss stören. Entscheidend ist, dass wir selbst über den Zeitpunkt bestimmen können.

Der Innere Dialog ist ein Raum, in dem wir so sein können und dürfen, wie wir sind und ebenso, wie wir sein möchten. Hier können wir nicht verlieren, sondern nur gewinnen. Der Innere Raum und der Innere Dialog lassen Seiten an uns aufleben, die wir so vielleicht bisher nie an uns gekannt haben. Wir können uns sozusagen neu entdecken.

Der Innere Dialog bietet auch die Möglichkeit, Aggressionen abzubauen, bis man ruhig und sachlich wieder Neues ausprobieren kann, man nicht mehr getrieben ist von Wut, Frust und Enttäuschung. Der Innere Dialog hilft dann, sich zu beruhigen und zu erkennen, was man will und worum es einem wirklich geht, zu erfassen, was einem hilft und was einem schadet. Er verhilft uns dazu, so weit zu kommen, dass wir souverän, ruhig, sachlich und überlegt etwas angehen und durchziehen können, ohne uns dabei in eine schlechte Position hineinzumanövrieren.

Der Innere Dialog zeigt nicht nur etwas auf, sondern mit ihm finden wir zu Lösungen. Wir bekommen Antworten, können neue Wege einschlagen, Widerstände beseitigen und problematische

Verhaltensweisen korrigieren. Im Inneren Dialog wird nicht einfach nur gesprochen, sondern es werden ganz konkrete Verhaltensänderungen ausgelöst und in Gang gebracht.

Der Innere Dialog bietet zudem die Möglichkeit, zu trauern, seine Enttäuschung, Zweifel und Hemmungen zu äußern, ohne deswegen schief angesehen zu werden. So kann es gelingen, Gefühlsschwankungen besser in den Griff zu bekommen und etwas Neues und Schwieriges in Angriff zu nehmen.

Im Rahmen des Inneren Dialogs können wir diskutieren, planen, bereuen, meditieren, streiten. Wir können Strategien entwerfen und wieder verwerfen, zu uns finden und ganz bei uns sein. Wir müssen uns nicht verstecken und niemandem etwas vormachen und dürfen uns daher sowohl schwach als auch stark zeigen. Wir müssen vor nichts Angst haben, sind sicher vor Bestrafung oder Zurechtweisung. Wir können hier unser Leben analysieren, klären, aktualisieren und planen, hinterfragen, bejahen und akzeptieren, es neu definieren, nach Antworten suchen und Entscheidungen treffen.

Im Inneren Dialog entsteht etwas, das den Menschen im Gespräch mit sich selbst auf Neues hin ausrichtet. Damit wächst seine Sicherheit und der Entschluss, im Leben in Angriff zu nehmen oder auszuprobieren, wozu ihm der Innere Dialog jetzt die Kraft und Überzeugung verleiht. Mithilfe des Inneren Dialogs bekommen wir manchmal das Gefühl, Berge versetzen zu können: »Ja, ich kann das schaffen!«

All das zeigt, weshalb der Innere Dialog so spontan und gleichzeitig so erfolgreich eingesetzt werden kann. Es bedarf keiner großen Überlegungen, ob dieses oder jenes Thema sich eignet oder wie man den Inneren Dialog beginnen könnte. Man ist frei und kann ihn so einsetzen und so sprechen, wie es einem im Moment entspricht. Andere Wege und Methoden der Klärung und Auseinandersetzung sind sehr viel fordernder und lassen einem bedeutend weniger Freiraum.

Dialogbeispiele und -ausschnitte

Im Folgenden möchte ich anhand einiger Beispiele zeigen, wie ein Innerer Dialog verlaufen kann. Sie dienen ausschließlich der Veranschaulichung und sind nicht als »Vorlagen« oder Folien für eigene Innere Dialoge zu verstehen.

Innerer Dialog mit meinem Alter Ego

Um einen Einblick zu bekommen, wie ein Innerer Dialog mit dem Alter Ego, dem meistgewählten Gesprächspartner, überhaupt abläuft, nachfolgend ein paar kurze Beispiele.

Beispiel 1:
Ich habe Petra sagen wollen, dass ich sie liebe.
Weshalb hast du es denn nicht getan?
Es kam mir plötzlich so falsch vor.
Falsch? Dich hat doch der Mut verlassen.
Wie kommst du darauf?
Das ist doch ganz einfach. Die ganze Zeit schon hast du dir überlegt, wie du es ihr sagen kannst. Immer wieder habe ich gehört, wie du diesen Satz vor dich hin gesprochen hast.
Ja, ich komme mir so blöd und feige vor, dass ich nichts gesagt habe.
Du wolltest wahrscheinlich zu gut und zu originell sein. Sag es doch einfach so, wie es dir gerade kommt. Nicht so gesucht und konstruiert. Das bist nicht du.

Du hast gut reden. Spontan, wenn man Angst hat, dass man plötzlich nicht mehr weiß, was man sagen wollte.
Komm jetzt, du hast noch viele Möglichkeiten. Du wirst sehen, nach dem ersten Satz geht es wie von selbst. Und übrigens, Petra wird es dir nicht schwer machen. Ich sehe doch, wie sie dich anschaut.
Meinst du wirklich?

Beispiel 2:
Ich hätte nicht so heftig reagieren dürfen.
Das war gar nicht so heftig, man hat doch gespürt, wie du versucht hast, ruhig zu bleiben.
Ja, aber innerlich habe ich gebebt. Ich war echt überzeugt, dass man es gemerkt hat. Bist du dir sicher, dass man das nicht bemerkt hat?
Ich würde es dir sagen, wenn ich es anders gehört hätte. Aber das ist häufig so, dass du meinst, aggressiv zu sein und man äußerlich gar nichts davon spürt.
Stimmt, das muss ich mir merken …
Sag das aber nicht einfach nur so dahin.
Glaubst du mir denn nicht?
Ich bin mir nicht sicher, für mich kam das jetzt zu schnell, und ich habe nicht gespürt, dass es wirklich bei dir angekommen ist.
Nein, ich bin wirklich überzeugt, dass das richtig ist, was du gesagt hast.

Beispiel 3:
Ich will dir nur mal kurz zeigen, wie er zu mir gesprochen hat.
Bleib aber beim Wesentlichen; ich sage dir das, weil du immer so weitschweifig bist.

Ich und weitschweifig? Ich versuche doch immer, mich so kurz und knapp wie möglich zu äußern.
Du und kurz und bündig?!
Warum bist du jetzt so aggressiv?
Ich bin nicht aggressiv. Ich wollte dir nur sagen, dass es wirklich wichtig ist, dass du nicht in so einen Redefluss hineinkommst.
Ist es so schlimm?
Nein, schlimm ist es nicht. Aber kürzer wäre prägnanter und klarer. Und du kannst das, das weiß ich ganz genau.
Wie merke ich denn, wenn ich zu weitschweifig werde?
Natürlich merkst du das, wenn du dich vorher darauf einstellst, dich kurz zu halten. Du wirst dann auch merken, wie schwierig das für dich ist.
Jetzt bin ich wirklich gespannt. Bin ich jetzt auch weitschweifig geworden?
Nein, ich hätte es dir gesagt.

Beispiel 4:
Ich weiß nicht, ob dieser Job für mich der Richtige ist. Ich fühle mich überfordert, er macht müde und unzufrieden.
Aber es war nicht immer so!
Nein, es hat begonnen, als ich in der neuen Abteilung angefangen habe. Es hat mir dort von Anfang an nicht gefallen.
Aber zu Beginn hast du doch gedacht, dass es nur Zeit braucht und der Wechsel eine Möglichkeit ist, auf der Karriereleiter aufsteigen zu können. Und jetzt denkst du nicht mehr so?
Ich komme gar nicht mehr dazu, daran zu denken. Die Arbeit ist extrem anstrengend, kostet Energie, und am Abend bin ich fix und fertig.

Das könnte doch auch damit zu tun haben, dass alles noch neu und fremd für dich ist.
Nein, das ist es nicht. Alle sind gehetzt, man spricht kaum miteinander, jeder ist für sich.
Aber man spricht doch miteinander?
Das schon, aber das genügt mir nicht. Es ist kein Miteinander.
Aber du hast dich doch vorab informiert, als du dich beworben hast.
Ja, aber es hat sich ganz anders angehört. Man hat mir gesagt, dass man zusammen die Arbeit und die Probleme bespricht – und das regelmäßig.
Und jetzt?
Nichts von alldem. Jeder sieht nur sich. Ich fühle mich irgendwie getäuscht. Dafür hätte ich nicht wechseln und mich für die andere Abteilung bewerben müssen.
Und was heißt das jetzt?
Ich will mehr im Team arbeiten können, das ist mir im Moment wichtig, zusammen etwas zu schaffen. Um die Karriere geht es mir nicht an erster Stelle. Die kommt, wenn sie kommen muss. Ich will Freude haben, gern zur Arbeit gehen und von alldem ist nichts zu spüren.
Aber das könnte doch noch kommen, du bist zu ungeduldig und lässt dir und den anderen keine Zeit. Ich finde, du müsstest jetzt einfach mal dort sein und nicht schon an einen Wechsel denken.
Ich bin einfach so enttäuscht.
Gib dir und den anderen doch Zeit.
Muss ich ja, ich kann nicht schon wieder gehen. Ein so schneller Wechsel macht sich nicht gut bei einer Bewerbung. Man muss sich auf mich verlassen können.
Ja, das stimmt, aber man konnte sich schon immer auf dich verlassen. Und das wird jetzt auch nicht anders sein.

Du hast schon recht. Ich muss mir und den anderen mehr Zeit lassen, sonst mache ich wieder die gleichen Fehler. Das wäre nicht das erste Mal, dass ich zu schnell ungeduldig werde.

Was bei allen diesen Gesprächsausschnitten auffällt und den Inneren Dialog auszeichnet, ist eine wohlwollende und hilfreiche Haltung, die das Alter Ego seinem Gesprächspartner entgegenbringt. Damit stellt es die Weichen und bestimmt die Dynamik und Intensität des Gespräches. Es wird sichtbar, welche Bedeutung die dem eigenen Ich zugewandten Interventionen haben. Beide, Ich und Alter Ego, bemühen sich in der Folge, den anderen zu verstehen und ruhig und verständnisvoll auf das einzugehen, was der andere sagt. Beide gehen behutsam miteinander um, sind offen und bereit zuzuhören, sich mit dem Gehörten auseinanderzusetzen, mitzuteilen, was sie verstanden haben. Sie formulieren, was sie dabei denken, und sind offen und ehrlich mit sich und dem anderen. Sie sind geradeheraus, beschönigen nichts, sagen es aber nicht verletzend oder vorwurfsvoll. Man spürt das Bemühen beider, sich aufbauend zu äußern und nicht einfach zu kritisieren. Wenn sie kritisieren, dann tun sie das in einer Form, die der andere annehmen kann.

Für den Inneren Dialog ist bezeichnend, dass das Alter Ego

- den Ton bestimmt, die Art des Umgangs und die Stimmung des Gesprächs;
- die Weichen stellt für einen wohlwollenden und respektvollen Umgang und mit dieser Haltung das Gespräch leitet und bestimmt, sodass ein angstfreier und offener Gesprächsraum entsteht;
- auf diese Weise die Offenheit und Spontaneität des Dialogs ermöglicht;

- mich mit seinen Interventionen dazu bringt, das Gespräch weiterzuführen und zu vertiefen.

In einer solchen Atmosphäre des gegenseitigen Respekts und Wohlwollens erreicht der Innere Dialog Intensität, Glaubwürdigkeit und Nachhaltigkeit.

Innerer Dialog mit einem ausgewählten, imaginierten Partner

Ich habe schon lange gehofft, dass diese Stelle ausgeschrieben wird.

Und Sie meinen, dass Sie der richtige Mann dafür sind?

Ja, ich bringe all das mit, was an Voraussetzungen verlangt wird.

Das sehe ich aber anders, wenn ich mir Ihre Bewerbungsunterlagen anschaue. Da fehlt doch einiges …

Ja schon, aber ich würde alles nachholen, ich wäre zu allem bereit.

Nehmen Sie den Mund gerade nicht ein bisschen zu voll?

Nein, ich kenne mich und weiß, wenn ich etwas will, dann tue ich alles dafür und mir wird nichts zu viel.

An dieser Stelle kann es zum Beispiel geschehen, dass das Gespräch nicht so läuft, wie ich es mir gewünscht habe. Deshalb unterbreche ich es:

Ich muss das Gespräch noch einmal von vorne beginnen. Ich fühle mich so unter Druck und bin ständig dabei, mich zu rechtfertigen. Also noch einmal von vorne:

Ich habe gesehen, dass die Stelle ausgeschrieben ist, und interessiere mich sehr dafür.

Und Sie meinen, dass Sie alles mitbringen, was notwendig ist?

Nein, vieles nicht, aber das, was ich denke, was besonders wichtig ist, bringe ich mit an Erfahrungen.

Und das andere?

Da werde ich Schritt für Schritt versuchen, das Fehlende nachzuholen. Ich habe schon einen Plan, wie ich das umsetzen kann.

Nicht so schnell. Was ist es denn, was Sie an der Stelle besonders interessiert?

Man arbeitet in einem Team und ich kann innerhalb des Teams sehr selbstständig arbeiten. Das ist das, was ich gerne mache: im Team arbeiten und auch Verantwortung übernehmen.

Und Sie meinen, Sie sind der Arbeit gewachsen?

Ich bringe zwar nicht alles mit, was verlangt ist, aber ich kenne mich, ich weiß, dass ich alles daransetzen werde, mich möglichst schnell einzuarbeiten und ein vollwertiges Teammitglied zu werden. Ich würde mich riesig freuen, wenn Sie mir die Chance geben.

Innerer Dialog versus Monolog

Beim Inneren Dialog handelt es sich immer um denselben Menschen, der das Gespräch bestreitet. Er spricht als Ich und gleichzeitig als der jeweilige Partner. Er spricht also allein im Inneren Dialog und doch handelt es sich nicht um einen Monolog, sondern um einen Dialog. Er ist in seinen Rollen jeweils Sprecher und Zuhörer.

Bei den Gesprächspartnern im Inneren Dialog reagieren beide wie autonome Persönlichkeiten und so unabhängig voneinander wie möglich. Genau diese Konstellation macht das Gespräch einzigartig. Man könnte meinen, das sei langweilig und ewig gleich und wiederholend, was sich da zwischen den beiden inneren Gesprächspartnern abspielt. Die Interaktion ist jedoch ungemein spannend, weil das, was zwischen den Sprechern passiert, viele neue Momente bereithält, dem Gespräch Schwung gibt und zu neuen Einsichten führt.

Das Alter Ego ist mein »innerpsychischer Sparringspartner«, der mich unterstützt, provoziert, motiviert und dem Gespräch damit Impulse gibt und neue Themen einbringt. Seine Äußerungen verraten mir neue Aspekte meines eigenen Denkens und Handelns. Sie geben Anstoß zu An- und Einsichten, die mir bislang nicht bewusst oder sogar gänzlich unbekannt waren, fördern gedankliche Prozesse und halten das Gespräch in Gang. Im Gegensatz dazu geht es bei einem Monolog eher um ein Vor-sich-hin-Sprechen, meist ziellos und assoziativ. Er richtet sich nicht direkt an jemand anderen und auch nicht an eine imaginierte Person oder einen Teil von mir selbst. Der Monolog verläuft eher eingleisig, niemand kommt mir entgegen. Häufig geht es bei dieser Form des Gesprächs darum, sich emotional zu entlasten, mit etwas abzuschließen oder auch, sich an etwas zu erinnern. Beim Monolog gibt es kein Hin und Her, keinen echten Austausch, keinen Sprecher und kein Gegenüber. Es gibt kein Alter Ego, das mich stützt, ermuntert oder aufbaut, kein Sprechen und Hören, kein Sprechen und Antworten, kein Versuch, zu verstehen oder dem anderen in irgendeiner Form zu helfen. Im Monolog bleibt jemand ganz bei sich. Es geht nicht darum, etwas Bestimmtes im Gespräch zu erreichen. Trotzdem kann auch der Monolog zu Entspannung und Zufriedenheit beitragen. Er ist nicht immer richtungs- und wirkungslos. Aber es ist eben kein Dialog und deshalb auch nicht angewiesen auf einen Inneren Raum als Voraussetzung für einen erfolgreichen Abschluss des Gesprächs. Der Monolog hat zudem nicht die Wirksamkeit und Besonderheit des Inneren Dialoges und nicht die Kraft und Voraussetzungen, Neues hervorzubringen.

Beim Inneren Monolog hört und reagiert der Sprecher meist nicht auf das, was er sagt. Es ist ein Reden zu sich selbst, ohne Punkt und Komma, häufig aufgeregt und erregt, manchmal aber auch beruhigend. Diese Art des Selbstgesprächs endet meistens dann, wenn so etwas wie eine Entlastung oder eine Klärung eingetreten ist, wenn das Diffuse, emotional Geladene oder auch Angstmachende nicht mehr so umtriebig und nervös macht und so etwas wie Ruhe eingetreten ist.

Monologe, die als solche beginnen, können in einen Inneren Dialog wechseln. Dann bereitet der Monolog quasi den Boden für einen Inneren Dialog, indem man sich zunächst ganz auf sich konzentriert und die Welt um einen herum außer Acht lässt. Was andere denken oder sagen würden, wenn sie ihn hören könnten, interessiert nicht. Ob das sinnvoll oder logisch ist, was man vor sich hersagt, kümmert einen in diesem Moment genauso wenig, wie man sich in keiner Art und Weise unter Druck setzt, sei es durch Erwartungen an sich oder dem Erreichen eines Zieles. Schleichend oder auch ganz unvermittelt wechselt man dann vom Monolog in ein Zwiegespräch, in dem man sich jemand anderem in sich selbst zuwendet, anfängt, von sich zu sprechen und dabei sein Alter Ego entdeckt. Mit dieser Zentrierung auf sich und indem man sich an einen Gesprächspartner adressiert, entsteht ein Innerer Dialog. Jetzt geht es um hören und gehört werden, um ein echtes Gespräch. Ich spreche zu mir selbst, mein Gesprächspartner hört zu und antwortet mir entsprechend seiner ihm von mir zugedachten Rolle und Aufgabe. Aber auch der umgekehrte Weg vom Inneren Dialog hin zu einem Monolog ist möglich. Wenn ich zum Beispiel genug von meinem Alter Ego erfahren habe, kann ich mögliche Einsichten anschließend nur noch mit mir selbst ausmachen: ob sie passen oder nicht, ob ich ihnen folgen möchte, wie schwierig das sein könnte, ob ich mir das zutraue usw. Und manchmal führt ein solcher Monolog dann wieder hin zu einem Inneren Dialog mit jemand anderem in mir.

Sonderform Selbstaffirmation

Im Sport wird der Monolog vorwiegend in Form der Selbstaffirmation eingesetzt und spielt dort eine wichtige Rolle. Man sieht darin einen Weg, wie ein Athlet sich optimal auf einen Wettkampf einstellen und seine Kräfte und seine Energie bestmöglich auf ein Ziel hin bündeln und ausrichten kann. Es handelt sich dabei oft um beinahe beschwörende Formeln, die manchmal auch laut und heftig hervorgebracht werden:
»Ich kann das!«
»Ich will das!«
»Ich bin gut!«
»Ich schaffe das!«
»Ich bin in Form!«

Häufig bleibt es bei diesen einfachen Sätzen, manchmal folgt jedoch auch die Kurzform eines Inneren Dialogs. Diese affirmative Form des Inneren Dialoges bekommt dann ebenfalls etwas Eindringliches und Verstärkendes, auch etwas Selbstbeschwörendes:
»Das schaffst du.«
»Ja, das schaffe ich.«
»Du schaffst das.«
»Ja, ich schaffe das, ich will das und kann das.«

»Ja, du schaffst das, denn du bist stark und in Form.«
»Ja, ich bin fit, ja, ich bin in Form.«

Das Alter Ego übernimmt hier eher die Rolle des Motivators und Antreibers. Weitere mögliche Sätze und Formulierungen sind etwa:
»Es wird dir gelingen!«
»Du hast es im Griff!«
»Streng dich an, reiß dich zusammen, du schaffst das!«
»Nur nicht aufgeben, bleib dran, bald hast du es geschafft!«
»Kopf hoch, das kommt schon. Jetzt nur nicht aufgeben. Mach weiter.«
»Gut machst du das!«
»Halte durch!«

Bei der Selbstaffirmation zeigt sich in aller Deutlichkeit, wie wichtig aufbauende Worte zur eigenen Unterstützung sind, weil sie nicht die Ängste, Unsicherheiten oder Zweifel in meinem Inneren ansprechen und verstärken, sondern ich mir darin selbst positiv, aufbauend und unterstützend begegne. Negative Formulierungen, die hemmen, verwirren und blockieren, sind hier fehl am Platz.

Die Wirkung positiv-unterstützender Sätze ist so groß, weil sie uns noch stärker auf ein Ziel oder eine Verhaltensweise hin fokussieren und dabei unsere Kräfte noch mehr bündeln. So schaffen wir für uns die besten Voraussetzungen für eine Steigerung unserer Leistung. Sätze, die uns unterstützen, machen uns Mut und beseitigen Unsicherheiten und Zweifel. Nur Überzeugung, Wille und äußerste Konzentration zählen.

Es ist heute Allgemeingut, dass eine positive Unterstützung den Menschen stärkt und beflügelt, während negativ formulierte Äußerungen kontraproduktiv sind. Provozieren, um jemanden anzustacheln, nährt eher die Zweifel und bremst den Antrieb, sei es auch noch so gut gemeint. Provozierende Sätze und Ansprache sind bedeutend weniger erfolgversprechend als ein aufmunterndes Wort.

Mögliche anfängliche Hindernisse auf dem Weg zum Inneren Dialog

Wenn von den Voraussetzungen für ein erfolgreiches Gelingen des Inneren Dialogs die Rede ist, denken manche, er sei mit besonderen Anstrengungen verknüpft. Aber so ist es nicht. Damit der Innere Dialog zu einem befriedigenden und erfolgreichen Erlebnis wird, ist es nur notwendig, dass wir ihn ernst nehmen und uns entschlossen und bestimmt auf ihn einlassen. Diese Einstellung müssen wir mitbringen, damit der Innere Dialog bewirken kann, was ihm möglich ist. Ein nur halbherziges Engagement schadet dem Inneren Dialog, weil es dem unmittelbaren und authentischen Aufeinander-bezogen-Sein im Gespräch mit sich selbst nicht gerecht wird. Es fehlen dann die Ernsthaftigkeit und das innere Engagement und damit auch die eindeutige Bereitschaft, sich einem bestimmten Thema zu stellen und es voll und ganz in den Inneren Dialog einzubringen. Der Dialog läuft so Gefahr, gezwungen und künstlich auf einen selbst zu wirken.

Wenn man das Gefühl hat, dass man nur mit halbem Herzen und halbem Verstand an das Vorhaben geht, mit sich selbst ins Gespräch zu kommen, können folgende Eingangssätze helfen, sich selbst wieder zu zentrieren:

- »Ich nehme mir Zeit für das Gespräch.«
- »Ich will mich voll und ganz auf den Inneren Dialog konzentrieren.«
- »Ich will mich nicht stören oder ablenken lassen.«
- »Ich muss nichts, ich kann und will das Gespräch mit mir aufnehmen.«
- »Ich will und muss mir nichts beweisen.«
- »Ich setze mich nicht unter Druck.«
- »Ich entscheide, worüber und wie ich spreche.«
- »Ich will offen, ehrlich und nicht beschönigend mit mir ins Gespräch kommen.«
- »Ich weiß, dass nur diese Form von ›Auf-geschlossenheit‹ den Inneren Dialog wirksam werden lässt.«
- »Ich will versuchen, mir ehrlich und aufrichtig in die Augen zu sehen und mich dabei anzunehmen.«

Wir haben es also in der Hand, das innere Gespräch zu etwas ganz Persönlichem und zu einem Erfolgserlebnis werden zu lassen. Allein deshalb lohnt sich der Innere Dialog. Wenn wir uns klarmachen, worum es gehen soll in dem Gespräch, wenn wir realisieren, dass das nichts Schwieriges und ungemein Anspruchsvolles ist und der Innere Dialog auch keine »Hexerei« ist, dann nehmen wir uns selbst die vielleicht anfänglich vorhandene Angst und Unsicherheit vor dem Ausprobieren dieser Form des Selbstgesprächs. Es geht um eine grundsätzliche Haltung. Diese könnte, in einem Satz formuliert, so lauten: »Der Innere Dialog ist mir wichtig, ich nehme ihn ernst, ich will mich auf das Gespräch einstellen und voll und ganz dabei sein.«

Wirklich mit sich zu sprechen, zu hören, was man zu sagen hat, zu welchem Thema auch immer, ist bereichernd und zufriedenstellend, selbst wenn das anfänglich vielleicht nur stockend gelingt. Es mag uns ungewohnt erscheinen und uns zunächst auch fremd sein, mit uns selbst zu sprechen, weil es uns so vorkommt, als würden wir das erste Mal nur unsere *eigene Stimme* wahrnehmen. Wir mögen uns dann bei dem Gedanken erwischen: »Was, das bin ich, so also höre ich mich an?« Vielleicht erschrecken wir auch dabei. Diese Erfahrungen machen viele zunächst im inneren Gespräch mit sich selbst oder einem vorgestellten anderen. Sehr schnell aber finden sie das, was sie anfänglich irritierte, spannend und herausfordernd.

Wenn ich mit dieser Haltung in das Gespräch einsteige und sie dabei auch umsetze und lebe, schaffe ich in mir einen Raum mit einer Stimmung und einer Atmosphäre, die entscheidend für die Qualität des Inneren Dialogs und für das Gelingen dieses Gespräches ist.

2. Vorteile des Inneren Dialogs

Der Innere Dialog kann eine echte Bereicherung und Hilfe im Leben sein. Ich bin vielen begegnet, denen er ein treuer und nicht mehr wegzudenkender Wegbegleiter geworden ist. Im Gespräch mit diesen Menschen hat sich immer wieder gezeigt, mit welcher Sorgfalt sie mit sich und ihrem inneren Gespräch umgehen. Für sie ist dieses Gespräch mit sich selbst ein besonderes Gut und sie tun alles, damit sich daraus eine für sie lohnende Perspektive entwickelt. Der Innere Dialog hat meiner Ansicht nach gegenüber anderen Methoden einige entscheidende Vorteile, die ihn so hilfreich in der Anwendung machen.

Freiwillig und selbstbestimmt

Entscheidend dafür, das das Gespräch mit uns selbst so kostbar für uns ist, sind einige grundsätzliche Haltungen, die den Inneren Dialog bestimmen:

- Der Innere Dialog wird immer nur *freiwillig* geführt; es gibt keinen Zwang und keine Verpflichtung dazu.
- Ich muss keine Konsequenzen befürchten, wie auch immer ich den Inneren Dialog führe und das Gespräch abschließe.
- Es geht hier nicht um Beschwörungsformeln oder Selbstbetrug, stattdessen ist der Innere Dialog ein sehr rationales, begründbares und nachvollziehbares Instrument.
- Mit Esoterischem und Mystischem hat der Innere Dialog nichts zu tun.
- Menschen, denen ein selbstbestimmtes Leben wichtig ist,

finden im Inneren Dialog einen Begleiter und Helfer, der ihrer Lebensauffassung entspricht.
- Im Inneren Dialog lassen sich Antworten und Lösungen finden, die weiterbringen.

Wenn ich mir Zeit nehme und mich im Inneren Dialog mit mir selbst beschäftige, sei es, dass ich mich ganz explizit selbst zum Thema mache oder mich bezüglich der verschiedensten Themen hinterfrage, ist es vielleicht das erste Mal in meinem Leben, dass ich mich ganz bewusst mit mir auseinandersetze. Es ist, als würde ich in einen Spiegel schauen und dabei Züge von mir wahrnehmen, die ich vorher nicht gesehen und gekannt habe. Ich sehe mich immer genauer, sehe, wer ich wirklich bin, und nicht, wer oder wie ich sein soll. Vergangene Situationen ziehen an mir vorbei, und ich hole im Gespräch mit mir nach, was ich in der Vergangenheit verpasst habe, weil ich allem anderen und allen anderen mehr Zeit und Aufmerksamkeit widmete als mir selbst. So kann ich in der Beziehung zu mir immer vertrauter und persönlicher mit mir umgehen. Der Innere Dialog wird zu einem beispielhaften Geschehen, das mir ein ganzes Spektrum an Möglichkeiten offenbart. Es wird mir deutlich, dass ich mir viel mehr zu geben vermag, als mir bislang bewusst war. Der Innere Dialog greift tiefer und umfassender in mein Leben ein und bringt mehr Schichten in mir zum Schwingen, als das in einem gewöhnlichen Gespräch möglich ist.

Ohne Vorgaben und ohne Druck von außen

Im Inneren Dialog ist man an keine Vorgaben gebunden. Man kann so lange im Gespräch bleiben, wie man möchte, kann einen Gesprächsausschnitt so häufig wiederholen, bis er für einen selbst stimmt. Man muss keine Erwartungen erfüllen, kann niemanden enttäuschen, muss andererseits aber auch niemandem gefallen. Man muss keine Zielvorgaben erfüllen, keine Tests bestehen oder eine Norm erreichen. Man ist frei, und es gibt keinen äußeren Druck, den man aushalten, dem man nachgeben muss. Das Gespräch wird nicht benotet, es gibt kein »Genügend« oder »Nichtgenügend«, man bekommt auch keine Bestätigung – erfährt aber auch keine Abwertung durch andere Menschen. Das Gespräch ist ausschließlich für einen selbst bestimmt und nur man selbst entscheidet, worum es darin geht, was man erreichen will und ob man mit dem Ergebnis zufrieden ist oder nicht.

Es ist diese Freiheit und Ungebundenheit, die den Inneren Dialog so spontan und kreativ werden lässt. Wir können uns immer wieder an neuen Gedanken und Formulierungen erfreuen. Diese Grenzenlosigkeit schafft Ungewohntes, manchmal auch Absurdes und Skurriles. Die Unabhängigkeit von allen Vorgaben stärkt uns in unseren Gestaltungsmöglichkeiten. Diese Freiheit verleiht uns Mut, neue Gedanken zu denken und uns unvertraute Formulierungen zu wählen. Was uns nicht gefällt, können wir korrigieren, ergänzen oder streichen. Wir sind zu nichts verpflichtet. Was immer wir sagen, können wir so stehen lassen. Es muss nichts verbessert oder verändert werden, wenn wir es nicht wollen.

Ein Innerer Dialog ist zudem an keine Zeiten gebunden. Er kann morgens um fünf Uhr oder um Mitternacht geführt werden. Wir sind nicht auf eine bestimmte Stimmung oder Begleitperson angewiesen, die uns durch ein solches Gespräch führt. Den Zeitpunkt, den Ort und die Länge des Inneren Dialoges bestimmen einzig und allein wir selbst.

Der Innere Dialog

- ist für alle Menschen möglich und machbar. Jede und jeder kann ein solches Gespräch mit sich führen, wenn sie oder er die Bereitschaft und den Willen mitbringt, sich mit sich zu beschäftigen und sich dafür auch die Zeit zu nehmen;
- setzt keine besondere Ausbildung voraus;
- verlangt keine Übungsstunden, keine Kurse und kein Diplom;
- ist nicht auf Vorkenntnisse oder besondere Fähigkeiten angewiesen;
- braucht keine Kenntnis einer fachlichen Terminologie;
- muss nicht auf vorangegangenen Erfahrungen aufbauen;
- kostet nichts.

Man muss kein Sprachgenie sein, um vom Inneren Dialog profitieren zu können, und es gibt keine Regeln, die eingehalten werden müssen. Ob man ungewöhnliche Wörter benutzt oder die Sätze nicht zu Ende bringt, spielt keine Rolle. Jede und jeder kann sprechen, wie sie oder er will. Die einzige Voraussetzung ist, dass man sich selbst mit einer wohlwollenden und verständnisvollen Haltung begegnet.

In meinem Buch »Stärker als der Schmerz. Mit chronischen Schmerzen selbstbestimmt leben«[1] habe ich es so formuliert: »Wer mit sich spricht, kann sich nicht verlieren. Wer mit sich spricht, fühlt sich häufig besser verstanden, als wenn er mit anderen spricht. Zudem ist es weniger anstrengend und man muss sich weniger zusammennehmen und aufpassen. Im Gespräch mit sich darf man sein, wie man ist, sich geben, wie einem zumute ist.«

Zu sprechen, wie wir es im Alltag gewohnt sind, trägt dazu bei, dass wir uns während des Inneren Dialogs wohlfühlen und uns auf den Inhalt des Gesprächs konzentrieren können, egal, ob die Formulierungen »korrekt« sind oder eher umgangssprachlich. Im Inneren Dialog erleben wir vieles neu, aber die gewohnte Sprache bleibt uns erhalten.

Im Inneren Dialog schaffe ich mir eine Atmosphäre von Offenheit und Freiheit, in der

- sich Dinge entwickeln können und Neues aufbrechen kann;
- Bekanntes erfasst und neu belebt wird;
- Geheimnisse gelüftet, Unbekanntes und Diffuses enträtselt wird und sich zu einer neuen Gestalt entwickelt;
- Probleme erkannt und Lösungen durchgespielt werden;
- ich zur Ruhe komme, mich erholen, ich selbst sein und mich neu erfinden und definieren kann;
- ich spüre, dass ich lebe, ich mein Leben reflektieren und Neues ausprobieren kann;
- ich mich erlebe wie sonst nirgendwo, ich alle meine Emotionen spüren und ausleben kann;
- ich alle Gedanken – erlaubte, zensierte und mir fremde – zulassen darf;
- ich mich mit meinen Tricks und Spleens erfassen und sehen kann;
- ich meine Schwächen und meine Stärken wahrnehme.

Im Inneren Dialog ist man einzig und allein sich selbst verpflichtet. Es sind genau diese Ungebundenheit und Offenheit, die Verstecktes, bislang Verschmähtes und Verletztes zum Vorschein bringen können. All das steckt in einem ganz gewöhnlichen inneren Gespräch. Mit sich zu sprechen, macht vieles möglich. Der Innere Dialog hilft dabei, einen stimmigen und befriedigenden Umgang mit sich und seinen

Mitmenschen zu finden. Durch ihn kann es gelingen, neue Lebens- und Verhaltensstrategien für sich zu entwerfen und bisherige zu verstehen und zu korrigieren.

Helfer und Begleiter

Es gibt ganz unterschiedliche Gründe, weshalb Menschen den Inneren Dialog für sich nutzen. Einer davon ist sicher, dass es in Krisensituationen nicht leichtfällt, sich einem anderen Menschen anzuvertrauen, das Gespräch zu suchen. Wenn es uns nicht gut geht, ist es schwierig, den Schritt zu tun, mit einem Mitmenschen oder einer Fachperson das Gespräch zu suchen. Man neigt eher dazu, sich in einem solchen Moment zurückzuziehen. Wer könnte sich in einem solchen Moment als Zuhörer und Gesprächspartner anbieten? Wem traut man sich am ehesten seine Verzweiflung zu zeigen, bei wem traut man sich zu klagen, zu jammern und sich zu bemitleiden? Im Inneren Dialog muss ich nicht »nach außen« gehen, um mit jemandem vertrauensvoll zu sprechen, ich kann gerade in schwierigen Situationen diesen Gesprächspartner einfach in mir selbst finden.

Und noch einen anderen Aspekt habe ich in meinem Buch »Stärker als der Schmerz« näher erläutert: »Wenn man leidet, wenn es einem schlecht geht, will man sich meist nicht zeigen. Man schämt sich und hat Angst, nicht verstanden oder mit tröstenden Worten bedacht zu werden. Scham und Angst vor Gesichtsverlust lassen einen schweigen, sich zurückziehen und alles mit sich selbst aushandeln. Der Innere Dialog hilft, trotzdem in Beziehung zu bleiben, und ist nicht nur eine Fluchtmöglichkeit, um das Gespräch mit anderen zu vermeiden. Im Gespräch mit sich selbst kann man herausfinden, wie viel man anderen sagen will, was man mit ihnen besprechen will und was nicht und welche Worte man dazu wählen will.«[2]

Daher wählen viele Menschen bei für sie schwierigen Themen häufig den Inneren Dialog als Begleiter und Helfer. Das kann beispielsweise die Unzufriedenheit mit sich selbst, mit dem Beruf oder der Beziehung sein, verbunden mit dem Wunsch nach Klarheit und dem Bedürfnis, etwas zu verändern. Häufig geht es aber auch um ein diffuses Gefühl von Leere und Überlastung, dem man nachgehen, das man verstehen und verändern will. Manche üben im Inneren Dialog Gespräche, die sie vor sich herschieben, weil sie unangenehm sind und sie nicht wissen, wie sie sie angehen sollen. Oder nutzen den Inneren Dialog im Nachgang, also nach einem Gespräch, das ihnen nachhängt, das sie verfolgt und unangenehme Gefühle auslöst, wenn sie daran denken. Oder nach einem Gespräch, in dem sie glauben, versagt und sich falsch verhalten zu haben. Der Innere Dialog wird also von vielen genutzt, um nah oder längst Vergangenes aufzuarbeiten.

Der Innere Dialog kann aber auch helfen, wenn man gedanklich eine Pause einlegen und sich Zeit zum Besinnen nehmen will, weil man spürt, dass es so nicht weitergehen kann. Man kann ihn auch nutzen, wenn man in der Folge dieser Überlegung eine wichtige, weichenstellende Entscheidung treffen muss. Oder wenn man spürt, dass man nur noch strampelt und keine Zeit mehr zum Genießen, Hinterfragen und Überdenken hat. Da der Innere Dialog nur wenige Voraussetzungen braucht, um ihn nutzen zu können, eignet er sich zudem als Methode, wenn man jetzt sofort etwas klären will und nicht in einer Woche, jetzt eine Antwort finden will auf quälende Fragen und nicht irgendwann.

Um in den Dialog mit sich einzutreten, kann es helfen, sich Anfangsfragen zu stellen, um sich selbst auf die Spur zu kommen, zum Beispiel:

- »Wovor renne ich davon?«
- »Weshalb bin ich immer so gereizt, ungeduldig und fahrig?«
- »Irgendetwas stimmt nicht in meinem Leben, was fehlt mir?«
- »Ich will nicht, dass mein Leben einfach so weitergeht. Etwas muss sich ändern, aber was und wie?«

Im Inneren Dialog finden wir das, was wir suchen. Er zeigt uns, wie wir mit den verschiedensten Situationen, mit den verschiedensten Problemen, den unterschiedlichsten Erwartungen und Ansprüchen umgehen können. Wir begegnen darin auch unseren eigenen Erwartungen, die wir angehen und klären können, selbst wenn wir sie zu Beginn des Gespräches nur vage formulieren. Häufig endet der Innere Dialog anders, als wir dachten oder erwartet haben. Er kann also voller Überraschungen stecken. Geradlinigkeit ist nicht sein hervorstechendstes Merkmal und sicher auch nicht die alleinige Voraussetzung für das Gelingen.

Erfahrungen mit meinen eigenen Inneren Dialogen

Schon vor Jahren bin ich im Rahmen meiner therapeutischen Arbeit durch meine Klienten auf den Inneren Dialog gestoßen. Sie haben mir gezeigt, wie viel sie an Sicherheit und Vertrauen gewinnen, wenn sie im Inneren Dialog mit sich selbst sprechen. Verschiedene von ihnen haben mir erzählt, dass sie Themen aus ihren Therapiestunden mit sich selbst weiter besprochen oder Fragen, die ihnen dabei gekommen sind, allein im Gespräch mit sich geklärt haben. Mit sich zu sprechen hat ihnen einen Weg eröffnet, wie sie selbst, ohne fremde Hilfe, für sich Lösungen finden können. Nicht allein auf den Therapeuten oder andere Menschen angewiesen zu sein, stärkte ihr Selbstbewusstsein.

Mich hat die Erfahrung, dass die Klienten sich von mir dadurch »emanzipiert« haben, mit tiefer Befriedigung erfüllt, und es formte sich für mich immer mehr das Bild des Inneren Dialogs als Königsweg der selbstbestimmten und selbstverantwortlichen Selbsthilfe. Auf diese Weise hat mich der Innere Dialog all die Jahre während meiner beruflichen Tätigkeit begleitet.

Wenn ich mir überlege, was mir der Innere Dialog in den letzten Jahren persönlich gebracht hat und weshalb ich bis heute so von ihm überzeugt bin, komme ich immer wieder auf das zurück, was ich mir unmittelbar nach den Gesprächen mit mir selbst notiert habe. Ich war so erfreut und überrascht, was ich in diesen erlebt habe, dass ich die ersten Eindrücke und Erfahrungen unbedingt für mich aufschreiben musste. Daran, dass ich sie später einmal in einem Buch verwenden werde, habe ich damals noch nicht gedacht. Für mich selbst ist der Innere Dialog zu einem treuen Begleiter geworden.

Als ich eine Krebsdiagnose bekam, habe ich sehr schnell gemerkt, dass mich das Sprechen mit mir entlastet und mir guttut. Es hat mich vom ständigen Kreisen um mich und mein Schicksal weggebracht, was mich wahrscheinlich nur noch verzweifelter und hoffnungsloser gemacht hätte. Ich fühlte mich im Dialog mit mir selbst befreiter und weniger zwanghaft auf mich bezogen. Die Erfahrung, im Zusammenhang mit der Krebsdiagnose immer nur bei mir zu sein, im Inneren Dialog aber einen Ausweg aus diesem zermürbenden Kreisen um mich selbst zu finden, half mir sehr. Ich fand Vertrauen bei mir selbst. Und ich habe gemerkt, dass mich der Dialog mit mir selbst angeregt hat, mich weiter zu hinterfragen.

Ich habe in diesem Zusammenhang zudem erlebt, wie wichtig die Unterstützung und das Verständnis für mich selbst sind. Dass ich mir diese in Form des Alter Ego spontan geben konnte, hat mir Freude bereitet. Ich kam zu Einsichten, auch in Bezug auf mich selbst, zu denen ich ohne Inneren Dialog nicht gelangt wäre. Ich muss und will mich bemühen – so das Ergebnis –, viel bewusster, wohlwollend und aufbauender mit mir umzugehen. Und ich möchte mich mehr mit mir beschäftigen. Das macht mich auch unabhängiger von anderen Menschen. Die Gefahr, im Schmerz oder in der Angst zu versinken, wird geringer, wenn ich mir Mut zuspreche und mir beweise, dass ich in der Lage bin, gut auf mich zu achten.

Ich habe gemerkt, dass die innere Nervosität und Ruhelosigkeit nachließen. Es tut gut und entlastet, wenn man immer wieder das Gespräch mit sich sucht. Es sorgt für Klarheit und führt einem vor Augen, was sonst nicht wirklich fassbar wäre. Es ist eine heilsame Erfahrung, mit sich zu sprechen, zu erfahren, dass man sich nahe ist und wie umfassend man sich helfen und unterstützen kann. So sinnvoll ein Monolog sein mag, meiner Ansicht nach können sich nur aus einem Dialog heraus immer wieder neue Impulse ergeben, weiter über sich nachzudenken.

Der Innere Dialog animiert dazu, neue Aspekte aufzugreifen und anzuschauen. Plötzlich realisiert man, dass alles fließt, dass es ein Nacheinander von Gedanken gibt, ohne Pausen dazwischen – und das ohne Mühe und großen Aufwand. Zu wissen, dass ich ein Gespräch mit mir führen kann und dass das Alter Ego spontan auf mich eingeht, verblüffte mich immer wieder. Es lief so automatisch. Diese Erfahrung zeigte mir, dass sich im Inneren Dialog Gefühle, Gedanken, Vorstellungen, Erinnerungen und Probleme entwirren und man Lösungen finden kann, die man gar nicht erwartet hat. Auch mir taten sich Horizonte auf, die mir bis dahin verborgen waren, und ich fühlte mich gut und wohl dabei. Spontan ergab sich ein Gesprächsfluss, der innovativer und kreativer nicht hätte sein können, selbst dann, wenn ich in schlechter persönlicher Verfassung ins Gespräch mit mir einstieg, was öfters vorkam.

Wichtig scheint mir, dass man ohne Druck und Erwartung an das Gespräch herangeht. Es reicht aus, wenn man weiß, worüber man sprechen will. Sich ins Gespräch hineinzubegeben, auf das hören, was man in sich spürt, was sich meldet oder einfach so kommt, das ist, was zählt. Besonders schön und bemerkenswert fand ich, dass auch Gefühle, die vorher unklar, diffus und ohne Konturen waren, plötzlich eine Stimme bekamen und eindeutig wurden. Für Stimmungen, die ich nicht wirklich formulieren konnte, gab es auf einmal Worte. Widersprüchliche und ungenaue, mehr erahnte als formulierte Gedanken wurden im Gespräch fassbar und klar.

Die laufenden Gespräche mit mir selbst ließen in mir zudem das Bedürfnis nach echter, also realer Kommunikation wachsen. Ich bin froh um diese Erfahrung, zeigt sie doch deutlich, dass der Innere Dialog den Menschen nicht von anderen abkapselt, sondern im Gegenteil näher an sie heranführt, dass er das Bedürfnis nach realer Kommunikation fördert, sodass man richtig gern mit anderen Menschen spricht. Der Innere Dialog gibt Sicherheit und diese verstärkt das Bedürfnis nach realen menschlichen Kontakten. Ich bin zudem froh, dass der Innere Dialog keine Dauerpräsenz verlangt, dass eine Unterbrechung möglich ist, auch dann, wenn bestimmte Ziele oder Bedingungen noch nicht erfüllt sind. Im Inneren Dialog bin ich frei, und das Gespräch macht mich offen, das schätze ich sehr an dieser Gesprächsform.

Das Ergebnis des Inneren Dialogs ist für die meisten überraschend, ebenso die Erfahrung, wie gut und locker sie sich dabei gefühlt haben. Mit jedem neuen Gespräch wird der Einstieg einfacher und das Vertrauen in die Wirkung größer. Zu realisieren, dass das erste Gespräch nicht einfach ein Zufallstreffer war, und mit jedem weiteren Mal die Bestätigung zu bekommen, dass das innere Gespräch Wichtiges und Neues hervorbringt, hilft uns, noch spontaner und freier an die nächsten Gespräche mit uns selbst heranzugehen.

Die Art, wie wir mit uns reden, ergibt sich im Verlauf des Inneren Dialogs. Jeder von uns hat sein eigenes Tempo und muss seinen ganz persönlichen Stil finden, wie er oder sie mit sich redet, kommuniziert: der eine schnörkellos und gradlinig, während ein anderer mehr assoziativ, frei und unstrukturiert in ein Gespräch einsteigt und auch so mit sich spricht. Jeder hat seine Gewohnheiten, seinen Charakter und ein eigenes Temperament. Es gibt kein Richtig oder Falsch, wichtig ist nur, dass ich das Gespräch mit mir will. Dann bin ich bereit und offen für das, was mit mir geschieht.

Wer zunächst unsicher ist, merkt schnell, dass er nicht etwas Bestimmtes tun muss, sondern dass er ganz spontan mit sich reden kann. Wie von selbst geht das Gespräch immer weiter. Wenn man zu überlegen beginnt, was man selbst denn als ersten Satz sagen und was man als Alter Ego antworten soll, beschränkt man das Gespräch unnötigerweise von vornherein. Denn es spielt überhaupt keine Rolle, ob man fragend, mit einem Beispiel oder damit beginnt, was man erreichen möchte oder was falsch lief – das Gespräch nimmt wie von selbst den Faden auf und spinnt ihn weiter.

Bei den ersten Gesprächen staunt man. Auch nach mehreren wundert man sich immer noch, obwohl man weiß, wie es abläuft. Der Innere Dialog übernimmt wie von selbst die Führung, als ob er wüsste, was ich sagen will oder was am besten in dieser Situation zu mir passt. Man merkt auch sehr schnell, dass man dem Alter Ego keine Anweisungen zu geben braucht, was es zu sagen hat, weil es genauso spontan reagiert wie man selbst. Man fühlt sich von ihm verstanden.

Anfangs kann es helfen, den Inneren Dialog laut zu führen. Reden und sich reden zu hören hilft, sein eigenes Tempo und seine vertraute Gesprächsform zu finden und Freude am Gespräch mit sich und an der eigenen Kreativität und Spontaneität zu bekommen. Jedes Gespräch ist sozusagen ein Unikat und trägt den Stempel des betreffenden Menschen. Das Streben nach Perfektion steht dem Gelingen des Gesprächs dabei eher im Weg und ist ganz sicher keine Bedingung und kein Ziel.

Wenn ich im Inneren Dialog mit mir spreche, spüre ich zunehmend – und das oft schon beim ersten Versuch –, dass ich mich ganz dem Moment hingeben und loslassen kann und ich mich getragen fühle von dieser Stimmung. Ich finde schnell hinein und kann entsprechend offen reagieren. Das löst häufig Freude in mir aus über diese besondere Art von Gespräch. Oft bin ich konzentriert und wie gefangen im Gespräch. Und ich staune über die Tatsache, dass es immer weitergeht und mir immer wieder Neues einfällt, aber auch darüber, wie leicht mir das Reden fällt und wie spontan ich auf mein mir vorgestelltes Gegenüber reagieren kann. So erfahre ich eine tiefe Harmonie und Nähe zu mir selbst und kann mich spüren wie kaum je zuvor.

Dass man sich so schnell wohlfühlt im Inneren Dialog ist nicht unbedingt selbstverständlich, ist es doch für die meisten Menschen eine ungewohnte Form des Gespräches. Wer mit sich spricht – laut und auf der Straße – wird komisch angesehen. Einen Inneren Dialog mit sich zu führen, ist jedoch etwas ganz anderes. Es handelt sich dabei um eine andere Form des Sprechens, in der ich mir selbst zugewandt und in einem Inneren Raum bin, in dem mich niemand stört und den ich ganz allein für mich habe.

»Ich habe heute die Diagnose ›Krebs‹ erhalten« – Auszug aus einem eigenen Inneren Dialog

Für mich persönlich ist der Innere Dialog vor allem im letzten Jahr zu einem nicht mehr wegzudenkenden persönlichen Begleiter geworden. Es war aus gesundheitlichen Gründen ein sehr schwieriges Jahr für mich. Meinen zuletzt begonnenen Inneren Dialog habe ich damals angefangen mit den Worten: »Ich habe heute die Diagnose ›Krebs‹ erhalten. Bösartiger Prostatakrebs.« Die Diagnose traf mich so vehement, dass ich gar nicht wusste, was ich denken sollte. So viel ging mir durch den Kopf, so viele Gedanken waren es, die ich gar nicht fassen, geschweige denn ordnen konnte. Ich fühlte mich mit der ärztlichen Diagnose total überfordert. Ich sprach sehr viel mit meiner Frau. Sie half zu ordnen, zu relativieren und Gedanken auf den Punkt zu bringen und mich festzuhalten, wenn ich mich verlor. Ich spürte aber auch, dass sie genauso überfordert war wie ich. Ich war froh, dass ich um die Möglichkeiten wusste, die mir der Innere Dialog bieten könnte, schließlich hatte ich ihn schon in der Vergangenheit etliche Male in Anspruch genommen. Mir war klar, dass ich sofort damit beginnen musste. Es drängte mich förmlich, mich zurückzuziehen und mit mir ins Gespräch zu gehen. Im Nachhinein bin ich mir absolut sicher, mit dem Inneren Dialog in dieser Situation für mich die bestmögliche Lösung gefunden zu haben.

Zwei Gesprächsausschnitte habe ich ausgewählt. Hier zunächst der Erste, das zweite Gespräch, das zeitlich um einiges später stattgefunden hat, folgt weiter hinten in diesem Buch.
»Ich habe heute die Krebsdiagnose erhalten. Bösartiger Prostatakrebs. Was heißt das jetzt für mich? Ich weiß es nicht, ich spüre auch nichts, weiß nicht, wie es mir geht. Nur leer und tot. Bin ich denn so kalt und gefühllos?
Nein, das ist es nicht. Du bist einfach in einer Starre. Schockstarre, ist normal.
Ich habe mir in den letzten Tagen und Wochen immer wieder überlegt, wie das sein wird, wenn ich einen positiven Bescheid erhalte. Den habe ich jetzt, aber es ist anders, als ich es mir vorgestellt habe. Ich bin so leer, nichts hallt nach, nichts bewegt sich. Ganz kühl nehme ich mich wahr. Jetzt ist die Diagnose klar: Du hast Krebs, einen bösartigen, wie der Urologe noch anfügte.
Dir geht es nicht anders als allen anderen. Gib dir Zeit, auch wenn du dir viele Gedanken gemacht hast, ist die Situation doch anders. Sie ist neu, fremd, ungewohnt.
Mir kommt immer wieder derselbe Satz hoch: »So, jetzt hat es auch dich.« Es ist wie mit der Coronadiagnose. Vorher war Corona weit weg, ich kannte es nur vom Hörensagen, und plötzlich war es da: »Ich habe Corona.« Ich merke schon, dass ich ungeduldig bin, mir keine Zeit lasse und möchte, dass ich verstehe, was mit mir abgeht.

Du weißt doch, dass das nicht funktioniert, wenn du jemandem sagst, er soll geduldig sein. Das ist wie mit der Spontaneität: Jemandem zu sagen, er solle spontan sein, funktioniert nicht.
Ich spüre nichts, bin ich jetzt traurig? Ich weiß es nicht. Was ich spüre, ist so eine Schwere; ja, die spüre ich, aber keine Verzweiflung, keine besondere Abgeklärtheit. Es macht etwas mit mir und ich weiß nicht was.
Gib dir doch Zeit, was willst du um jeden Preis herausfinden? Schau lieber auf deine Frau, wie es ihr geht. Sie weint, sie ist schockiert. Auf sie zu achten ist viel besser, als bei dir nach etwas zu suchen, was du nicht finden kannst oder von dem du unbedingt meinst, es jetzt fühlen zu müssen.
Ja, sie braucht mich. Sie ist verzweifelt, sie hat nicht mit dieser Diagnose gerechnet. Und mir hilft es auch, mich nicht immer nur um mich zu drehen.
Nach diesem ersten Gespräch habe ich noch eine längere Zeit diese Schwere, Leere und Hilflosigkeit mit mir herumgetragen. Ich war froh, dass mir klar wurde: Es bringt nichts, immer nur um mich zu kreisen. Nach dem Gespräch konnte ich mich viel klarer und eindeutiger meiner Frau zuwenden. Das hat mich beruhigt und eine klare Ausrichtung gegeben in meinem Gefühls- und Gedankenchaos. Sie braucht mich, das war mehr als nur eine Aufforderung.

3. Der Innere Raum

Die Schaffung und Gestaltung des Inneren Raums

Der Innere Dialog spielt sich nicht im luftleeren Raum ab. Es braucht dazu den Inneren Raum, von dem oben schon einmal die Rede war. Jeder Mensch schafft diesen Raum in sich selbst und er hat ganz entscheidenden Einfluss auf den Gesprächsverlauf und die Wirkung des Inneren Dialogs. Denn um mit sich selbst wirklich ins Gespräch zu kommen, braucht es einen geschützten Raum, in dem man sich sicher fühlen kann und ungestört bleibt. Daher ist das Schaffen eines sicheren äußeren Rahmens so wichtig. Er wird zur Grundlage und Voraussetzung für den Dialog mit einem selbst.

Der Innere Dialog braucht einen Inneren Raum, damit der Sprecher daraus all das ausschöpfen kann, was in dieser Form von Gespräch steckt. Für sich einen ruhigen Platz zu finden, an dem man sich ungestört auf sich hin ausrichten kann, ist ein erster Schritt dazu. Die Bereitschaft zu und der Wunsch nach einem ehrlichen Gespräch tragen ebenfalls dazu bei, dass ein besonderer Raum mit einer eigenen Stimmung entstehen kann.

Jeder spürt selbst, wann und wo er am besten mit sich sprechen kann. Er kann sich dabei darauf verlassen, dass er keinen Ort wählt, der ihn in seinem Bemühen um eine ungestörte Begegnung mit sich hindert. Er wählt bewusst einen Platz, von dem er weiß, dass er dort ungestört ist, oder er trifft auf einen Ort, der in ihm das Bedürfnis oder den Wunsch nach Stille und Besinnung weckt. Das ist dann ein Ort, der wie geschaffen ist für einen Inneren Dialog. Das bedeutet aber nicht, dass ein anderer das ebenfalls so empfinden würde, vielleicht schiene dieser Ort ihm überhaupt nicht einladend. So verschieden die Menschen sind, so verschieden sind auch die Orte, an denen sie sich wohl und geborgen fühlen.

Es gibt zudem bestimmte Tätigkeiten, die Menschen für einen Inneren Dialog auswählen können, wie zum Beispiel Wandern, Bügeln oder Joggen. Jeder wählt für sich den ihm entsprechenden Platz und Rahmen für ein Gespräch mit sich selbst. Die Außenwelt rückt in den Hintergrund und verliert an Bedeutung. Nichts stört, nichts stresst, nichts lenkt ab. Schnell spürt man eine innere Ruhe und Gelassenheit. Wenn ich auf mich zukomme mit der Absicht, mit mir zu sprechen, entsteht in mir eine Stimmung von großer Intensität, das Gefühl, nur bei mir zu sein. Ein Innerer Raum, in dem ich eine unmittelbare Nähe zu mir selbst finde, wodurch das Gespräch seine Wirksamkeit und Kraft entfalten kann.

Man könnte den Weg zum Inneren Raum auch so beschreiben: »Ich spüre den Wunsch, mit mir im Inneren Dialog zu sprechen. Mit dieser Absicht nehme ich mich aus dem Alltag heraus, bin ganz bei mir und bereit, mich zu öffnen. So entsteht ein Innerer Raum, der das Gespräch fließen und mich alles um mich herum vergessen lässt.«

Indem man sich von der Außenwelt abwendet, wird eine uneingeschränkte Konzentration auf mich selbst und den Inneren Dialog möglich. Es ist, als ob ich mich in einer anderen Welt befände. Diese Stimmung macht etwas mit mir: Ich werde einfühlsamer, empfänglicher und ebenso konzentrierter, geistig wacher und offener.

Erst in einem sicheren Inneren Raum kann Neues und auch Unerwartetes im Gespräch entstehen. In dieser Abgeschiedenheit von der Welt kann ich zu mir kommen, mich spüren, mich auch neu erfahren und auf diese Weise ganz Persönliches und nie Gedachtes ins Gespräch einbringen. Indem ich auf den Inneren Dialog ausgerichtet bin, komme ich weg von dem Gefühl, sofort etwas unternehmen zu müssen, und der Erwartung, dass jetzt und sofort und unbedingt etwas passieren muss. Ich kann mich dem Gespräch hingeben, ohne irgendetwas erreichen oder erzwingen zu wollen. So fällt der innere und äußere Druck weg. Das macht mich gelassen und offen für den Dialog mit mir selbst. Hochkonzentriert zu sein und loszulassen schließen sich dabei nicht aus, im Gegenteil, sie ergänzen, aktivieren, stimulieren sich gegenseitig und steigern damit die Wirksamkeit des Inneren Dialogs.

Dank der äußeren und innerlichen Vorbereitung des Inneren Raumes können wir offen und spontan mit uns sprechen, wir spüren keine »Schere im Kopf«, die uns irgendeinen Gedanken von vornherein verbieten würde. Nichts befürchten und keine Angst haben zu müssen, beflügelt und lässt Gedanken entstehen, die sich im normalen Alltag oder im normalen Gespräch in dieser Freiheit und Kreativität wahrscheinlich nicht hätten entwickeln können. In einem solchen Raum können wir uns ganz in unserem eigenen Denken ausbreiten und kann der Innere Dialog sein ganzes Potenzial entfalten.

Der Innere Raum hat wesentlich mit dem Ja zum Gespräch und der ungeteilten Präsenz während des Gespräches zu tun, mit der Offenheit sich selbst und seinem gewählten Gesprächspartner gegenüber.

Dabei ist der Innere Raum nicht zwingend an einen bestimmten Ort gebunden. Ich kann ihn mir eigentlich überall einrichten, wie der Innere Dialog ist er ein Instrument, das ich sozusagen immer im Gepäck habe. Das liegt eben auch daran, dass bestimmte äußerliche Gegebenheiten wie Stille und Abgeschiedenheit unterstützend wirken, aber auch nicht zwingend notwendig sind. Wenn ich dazu in der Lage bin, diesen Raum in mir selbst »aufzurufen«, spielt der äußere Ort keine Rolle. Wichtig ist nur, dass der Innere Raum mir dabei hilft, mich von den äußeren Gegebenheiten abzuwenden, um ganz bei mir und meinen Gedanken und Gefühlen zu sein, was die tiefe Verbindung zum Inneren Dialog erst ermöglicht. Gespräche im Inneren Raum sind Geburtsstunden neuer Gedanken und neuer Zusammenhänge, überraschender und nie gedachter oder auch nur angedachter Gedanken, Vorstellungen und Projekte. Gedankliche Geburt bedeutet Finden neuer Erkenntnisse und Lösungen und ist immer auch ein Schritt aus der Enge in die weite, endlose und offene Welt.

Wenn wir uns im Gespräch öffnen, kann etwas ins Fließen kommen, kann Altes mit Neuem verbunden werden und sind Gedanken und Lebensentwürfe möglich, die vorher unvorstellbar waren. Wenn wir offen sind, ist unser Blick schärfer auf unser Inneres und auf den Partner des Inneren Dialogs gerichtet. Dass im Inneren Dialog Neues entstehen kann, wiederhole ich deshalb immer wieder, weil es genau diese Erfahrung war, die mich in meinem eigenen Inneren Dialog so überrascht, ja überwältigt hat. Ich hätte das dieser Form des Gesprächs anfangs nicht zugetraut. Es ist dieses Unerwartete, das mich immer wieder fasziniert. Zu erfahren, dass ich so kreativ sein kann, so mutig auch und so unkonventionell, freut mich. Ich bin dankbar, diese Methode für mich entdeckt zu haben. Meine Aufgabe besteht eigentlich nur noch darin, Ja dazu zu sagen und ihr ganz zu vertrauen. Ich vertraue dem, was im Gespräch passiert und sich in neuen Erkenntnissen manifestiert. Ich vertraue mir, weil ich weiß, dass ich merken oder spüren würde, wenn diese Erkenntnisse nicht stimmig oder für mich nicht richtig wären.

Der Innere Dialog ist auf den Inneren Raum angewiesen, denn er vermittelt Kraft und öffnet meinen Horizont. Ohne diese Kraft und Öffnung bleibe ich zu nah bei mir selbst und in mich eingeschlossen. In einem solchen Zustand der mentalen Verschlossenheit kann nichts Neues entstehen, dreht sich alles um schon Geschaffenes und Bestehendes. Wer immer auf dem gleichen Gleis fährt, kann nicht ausbrechen und weder die Richtung noch die Perspektive wechseln.

Im Inneren Raum können sich Gedanken ausbreiten, entwickeln und sozusagen Flügel bekommen. Gibt man den Gedanken nicht diesen Freiraum, sondern belässt sie in der Enge des eigenen Denkens, wird aus ihnen – um ein Bild zu nutzen – ein Bach, der sich langsam zu einem Rinnsal verengt, während der offene Innere Raum dem Fluss der Gedanken Freiheit und Bewegung ermöglicht. Eine solche Erweiterung des Raums schafft daher auch weite und offene Gedanken. In einem engen Raum wird das Denken und werden die Gedanken klein und kleinlich, entsteht nichts Neues, nichts Mutiges und nichts Überraschendes. Solches Denken stößt nirgends an. Es weckt und animiert nicht zu Neuem. Es ist angenehm lauwarm, verändert jedoch nichts und es entwickelt sich auch nichts daraus.

Gedanken brauchen Raum, Freiheit und Luft zum Atmen, sonst ersticken sie an sich selbst. Ohne offenen und sicheren Raum kann sich kein neuer Gedanke entwickeln, bleibt der Mensch in seinem alten Denken verhaftet und bewegt sich weiter auf seinen eingefahrenen Gleisen. Der Innere und offene Raum gibt dem Inneren Dialog die Chance auf Überraschungen, wenn sich unerwartete Zusammenhänge zeigen und sich neue Sichtweisen öffnen.

Den Inneren Raum zu betreten, vermittelt Offenheit und Schutz, Weite und Geborgenheit. Vielleicht kennen Sie die Darstellungen von Schriftstellern, die in ihrer engen Kammer vor einem Blatt Papier sitzen, denken und schreiben. Sie sind ganz bei sich, in ihrer kleinen, ärmlichen Welt, und vollbringen dennoch Großartiges, erschaffen Welten, die weit über ihre enge Kammer hinausgehen. So ist der Innere Raum wie eine kleine Kammer, ganz abgewandt von der Welt. Und genau damit wird tatsächlich eine Weite geschaffen, die Tore in die Welt öffnen kann. Ein solcher Raum braucht und zieht aber auch Grenzen, um nicht im Beliebigen verloren zu gehen. So wird es möglich, etwas aus der Distanz wahrzunehmen und mit Distanz zu empfinden.

Der Innere Raum schützt auch vor Kritik, Manipulation und Bedrohungen von außen. Im Inneren Raum bin nur ich selbst es, der bewertet oder empfindet. Niemand kann mir hier etwas vorschreiben oder mir seine Erwartungen, Erkenntnisse oder Meinungen aufdrücken.

Welche Möglichkeiten eröffnet der Innere Raum?

Der Innere Raum öffnet mir eine ganz private und persönliche Atmosphäre für den Inneren Dialog. Hier bin ich nur für mich. Keine Gedanken an andere Themen und keine Geräusche der Außenwelt vermögen den Zauber dieser Verbundenheit zu stören. Hier kann ich mich ganz auf mich und das, was in mir vorgeht, konzentrieren, alle Kraft nur für mich aufwenden, ohne deswegen egozentrisch oder egoistisch zu sein. Mit allen Gedanken bin ich ganz bei mir, sie berühren nur mich, ich allein kann ihnen folgen. Der Innere Raum ist ein Ort, der es mir ermöglicht, mich genauer anzuschauen, ehrlicher mit mir umzugehen, mit Vorurteilen, Ängsten und faulen Kompromissen aufzuräumen. Hier kann ich in Ruhe Veränderungen durchspielen oder einen Neustart zu Ende denken und planen. Hier kann ich mir auch über meine Motive klar werden, über meine Beziehungen zu anderen und über meine alten Gewohnheiten. Der Innere Raum ist ein geschützter Bereich, in dem ich mich ehrlich und ernsthaft mit mir auseinandersetzen kann. Er schafft Klarheit. So haben es viele meiner Klienten empfunden – und ich ebenso.

Der Mensch, der Innere Raum und der Innere Dialog sind in einem innigen und intensiven Wechselspiel miteinander verbunden. Alle Kraft, Energie und alles Wollen sind zielgerichtet und fokussiert. Deshalb kann das hier Ausgesprochene eher überzeugen und mehr Vertrauen vermitteln und ausstrahlen als ein übliches Gespräch im Alltag.

Wenn der Innere Raum so speziell und einzigartig ist, dann muss das, was dort passiert, auch etwas Eindrucksvolles und Wertvolles sein oder solches hervorbringen. Anders gesagt: Etwas Unvergleichliches kann sich eher an einem speziellen Ort herausbilden, gerade auch, weil man als Mensch unter diesen Umständen und Bedingungen anders ist – wacher, sensibilisierter und empfänglicher. Der Innere Raum macht etwas mit mir, das sich im meinem Inneren Dialog manifestiert, weil ich mir hier im Blick auf mich selbst so frei und unmittelbar begegne wie nirgendwo anders. Das hat seinen Grund auch darin, dass ich im Inneren Raum in der Lage bin, mich ganz auf mich einzustellen sowie bereit, mich zu öffnen, mir so ehrlich und echt zu begegnen, wie es möglich ist.

Dieser geschützte Raum ermöglicht mir zudem, mich von meiner hilflosen und schwachen Seite zu zeigen. Hier kann ich mich auf ein Gespräch einlassen, ohne mich vorher absichern und alles kontrollieren zu müssen. Ich bin bereit, mich wirklich mit dem zu befassen, was mir sonst Mühe bereitet, wo ich vielleicht versagt, Fehler gemacht oder einfach schlecht abgeschnitten habe.

Der Innere Dialog stützt sich auf den Inneren Raum und verlässt sich in gewisser Weise auch auf ihn. Das macht das Spezielle im Zusammenspiel von Raum, Mensch und Dialog aus. Ihre Verbundenheit ermöglicht Ergebnisse, die sonst nicht und nirgendwo anders zu erreichen sind.

Da der Innere Raum ein Gedankenraum ist, bleibt er frei von all den Einschränkungen und Zwängen – Gesetze, Dogmen, Wettbewerb, Rivalität, Hektik und Alltagssorgen –, die das Denken und Handeln des Menschen in seinem Alltag beeinflussen. Er setzt neue Kräfte frei, weil er all diese Erschwernisse und Forderungen außen vor lässt, und ermöglicht einem, sich unbelastet zu fühlen, sich im Gespräch mit sich selbst in einer selten erfahrenen Offenheit und Ungebundenheit zu begegnen.

Diese im Inneren Raum geschaffene Atmosphäre ermöglicht es uns, frei und gelassen zu werden. Es ist nicht notwendig, aber es kann hilfreich sein, wenn wir uns dabei einzelne der folgenden Gedanken ab und zu durch den Kopf gehen lassen:

- »Ich muss vor nichts Angst haben, ich kann nichts falsch machen.«
- »Ich muss mich nicht um richtige oder falsche Formulierungen kümmern.«
- »Es geht um keine Prüfung, nicht um Bestehen oder Durchfallen.«

- »Das Gespräch muss nur für mich stimmen, ich muss zufrieden sein.«
- »Bei all meinen Entscheidungen im Inneren Dialog bin ich es, der den Ton angibt und frei ist, zu ändern, was immer ich will, neu anzufangen, aber auch, etwas auf die Seite zu schieben.«

Nur in einem solchen Raum wird es dem Menschen möglich, sich nicht nur gedanklich, sondern auch emotional frei zu fühlen und sich so geben und äußern zu können, wie er es als richtig und echt empfindet. Diese Offenheit führt zu einem ehrlichen Gespräch mit sich selbst und verhindert, dass man sich kontrolliert und zurückhält.

Sich nichts vormachen zu müssen und sich ehrlich äußern zu können, ist nur in dieser Selbstbestimmtheit und Freiheit des Inneren Raumes möglich. Er ist ganz und gar mein persönlicher Raum. Dort kann ich nicht nur sprechen, sondern auch ruhen und schweigen. Er ist wie eine Wohnung, in die ich mich zurückziehen kann, die so eingerichtet ist, dass es für mich passt, in der ich mich sicher und geborgen fühle wie ein Kind. In einer solchen Wohnung hat die Welt keinen Platz. Hier bin ich bei mir und darf ich selbst sein. Diese Wohnlichkeit soll der Innere Raum ausstrahlen, damit ich mich voll und ganz auf mich und das innere Gespräch einstellen kann. Es soll ein Ort sein, eine Oase, die mit positiven Gefühlen und Erinnerungen verbunden ist und zu dem ich immer wieder gerne zurückkehre. Der Innere Raum ist deshalb so besonders und kostbar, weil er die Bedingungen schafft für das Auftauchen von persönlichen Gedanken und dem, was aus ihnen für mich im äußeren Leben resultieren kann. So ist jeder Innere Raum einzigartig – genauso einzigartig, wie ich selbst es bin.

Vielleicht hilft noch ein weiteres Bild oder ein anderer Vergleich, um die Besonderheit des Inneren Raumes besser zu verstehen: In einem Haus gibt es oft verschiedene Wohnungen, die jedoch die gleiche Zimmerzahl, die gleiche Größe und Aufteilung der Räume haben. Jeder, der in eine solche Wohnung einzieht, gestaltet sie anders, richtet sie entsprechend seiner persönlichen Vorlieben ein. Jeder hat eine Wohnung, die ihm entspricht und die seine Persönlichkeit zum Ausdruck bringt, auch wenn der Grundriss bei allen derselbe ist. So verhält es sich auch mit dem Inneren Raum: Jeder Mensch hat seinen eigenen, in dem seine Vorlieben, seine früheren Prägungen und sein persönlicher Lebensentwurf deutlich werden und eine Rolle spielen. So ist jedes Gespräch im jeweiligen Inneren Raum unvergleichlich.

Im Inneren Dialog bin ich ganz versunken im Gespräch mit meinem Gegenüber. Auf ihn hin ist das Gespräch ausgerichtet. Es gibt kaum ein gedankliches Abschweifen. Wir sprechen gemeinsam mit einer hohen Sensitivität und Wachheit, manchmal fast wie in Trance, bei der die Zeit keine Rolle mehr spielt. Wir sind so vertieft, dass wir nichts von dem wahrnehmen, was um uns herum passiert. Es gibt nur diesen Inneren Raum, in dem wir uns befinden, und das jeweilige momentane Gesprächsthema. Deshalb können wir auch im Bus, in der U-Bahn ein solches Gespräch führen, auf einer Bank, in einem Park oder im Warteraum beim Arzt, wie ich es des Öfteren von meinen Klienten gehört habe. Jeder Mensch hat seine persönlichen Präferenzen.

So ganz in sich und seine Welt versunken zu sein kann man auch erleben, wenn man zum Beispiel ein Buch liest. Je spannender es ist, umso tiefer versinkt und verliert man sich im Inhalt, im Geschehen des Beschriebenen. Beim Inneren

Dialog ist der Mensch jedoch zusätzlich in seinem Inneren Raum aufgehoben. Er ist versunken in sich und seiner Welt, gleichzeitig ist er hellwach und bereit aufzunehmen, was sich im Gespräch nach und nach für ihn ergibt.

Vorteile des Inneren Raums

Der Innere Raum gibt Sicherheit

Der Innere Raum ist ein Ort, der beruhigt und einem das Gefühl gibt, dass die Zeit stillsteht. Je mehr ich diese Ruhe für mich in Anspruch nehme, umso mehr fallen Stress, Anspannung und Druck von mir ab: »Ich nehme mir jetzt so viel Zeit, wie ich will und brauche, und konzentriere mich auf das, was im Augenblick für mich zählt. Fremde Gedanken und Geräusche sollen mich nicht stören, ich will ganz bei mir sein, ganz frei in meinen Gedanken, ohne zu wissen, wohin die Reise geht. Andere Probleme, die es vielleicht auch noch gibt, interessieren mich im Moment nicht.«

So entsteht in mir eine große Sicherheit, denn ich spüre, dass ich nicht unter dem Druck stehe, etwas abliefern zu müssen. Ich muss auch keine Nachteile oder Sanktionen befürchten, mir droht kein Liebesentzug oder Vertrauensverlust. So kann ich das Gespräch selbstbestimmt und selbstverantwortlich gestalten.

Einen solchen Raum gibt es an keinem anderen Ort. Es ist ein ganz persönlicher, einzigartiger Raum, in dem es ausschließlich und allein um mich geht. Nur dort kann die Stimmung und Atmosphäre entstehen, die es für einen erfolgreichen Inneren Dialog braucht. Nichts anderes zählt hier, nichts anderes ist von Bedeutung und nichts anderes interessiert. Sich auf den Inneren Raum verlassen zu können und auf sich selbst zu bauen, verschafft Kraft, Sicherheit und Vertrauen.

Wer in dieser Weise offen ist und sich so ehrlich mit sich auseinandersetzt, macht sich aber auch verletzlich und braucht deshalb einen besonderen Schutz. Der Innere Raum bietet solchen. Hier muss ich mich nicht ständig vor anderen rechtfertigen, ich muss mich nicht verteidigen und nicht darum kümmern, was andere von mir denken. Ich brauche keine Angst zu haben, mir eine Blöße zu geben, jemanden zu verärgern, zu provozieren oder vor den Kopf zu stoßen.

Es geht beim Zusammenspiel von Innerem Raum und Innerem Dialog ganz wesentlich um Sicherheit und Vertrauen. Sicherheit ist das, was ich mir mit dem Inneren Raum verschaffe. Vertrauen in mich selbst ist das, was ich angstfrei und geschützt im Dialog mit mir aufbauen und finden kann. Wiederum ist es diese Einheit von Innerem Dialog und Innerem Raum, die in ihrem gegenseitigen Eingebundensein so etwas wie einen wärmenden Mantel um mich legen.

Der Innere Raum ermöglich Authentizität und Ehrlichkeit

Der Innere Raum ist ein Ort der Gedanken, Gefühle und der Selbstbestimmung, in dem Privatsphäre und Intimität zum Inventar und zur Grundausstattung gehören. Es ist unser persönlicher, intimer und geheimer Ort, den wir nur für uns schaffen und einrichten. Hier können wir bis tief in unsere Seele vorstoßen. Zu erfahren, dass es keine inneren Schranken und Verbotstafeln gibt, keine Abwehr und Angst uns den Zugang zu unserem Innersten verbaut, macht nicht nur frei, sondern auch neugierig. Die Neugier und das tiefe Eindringen in unsere Gefühle und Gedanken ermöglichen zudem, unserem Gesprächspartner genau zuzuhören und das aufzunehmen, was er von seiner Seite in das Gespräch, das wir mit ihm führen, einbringt. Daran interessiert zu sein, was der andere zu sagen hat, verleiht dem Gesprochenen zusätzlichen Wert und zusätzliche Dynamik und ist Bedingung für einen konstruktiven Austausch.

Der Innere Raum ist der Ort, an dem er alle Facetten seiner Persönlichkeit zum Ausdruck bringen kann, an dem er schwach und zögernd sein darf, hilfsbedürftig, ohne sich erklären oder rechtfertigen zu müssen, an dem er sich auch nicht nach anderen richten oder anderen gefallen muss.

Es ist ebenso der Ort, an dem wir unseren Frust abladen und unsere Aggressionen ausleben können, an dem wir zur Ruhe kommen und uns sammeln, wir uns erleichtert und ohne Schuldgefühle wieder dem Leben widmen. Der Innere Raum bietet Platz für Pausen und Rückzug. Und es ist ein Ort, an dem wir uns selbst wiederfinden können.

All die Verteidigungsmechanismen, die wir uns im Lauf der Jahre zugelegt haben, um uns zu schützen oder um uns anderen überlegen zu fühlen, sind hier überflüssig. Hier kann ich die Verhaltensweisen ablegen, die ich immer wieder genutzt habe, um zu brillieren, zu imponieren. Machtgehabe und protziges Getue brauche ich hier nicht. Ich kann mich so zeigen, wie ich bin.

Für diejenigen, die das möchten, kann der Innere Raum auch zu einem ganz besonderen Begegnungsort mit Gott werden. Hier kann ich mich mit meiner ganzen irdischen Existenz ehrlich und in aller Blöße Gott zeigen und mit ihm sprechen. Der Innere Raum ist in seiner Schlichtheit wie dafür geschaffen, um mit einer höheren Macht ins Gespräch zu kommen. Hier kann ich ganz ich selbst sein, bin ich glaubwürdig und echt, darf ich meine Ängste und Unsicherheiten zeigen, kann ich alle meine Zweifel äußern, zu all den Wünschen stehen, die ich mich sonst nicht ohne Weiteres zuzugeben traue. Hier braucht es kein Verstecken und keine Geheimnisse. Ich bin frei, ich kann niemanden verletzen oder verärgern. Der Innere Raum erlaubt mir die Nähe und Begegnung mit Gott. Hier gebe ich mich so, wie er mich geschaffen hat, hier vertraue ich mich ihm an.

Die Möglichkeit, sich ehrlich und offen äußern zu können, sich nichts vormachen zu müssen und sich allem zu stellen, ist ein entscheidender Vorzug des Inneren Raumes. Folgende Formulierungen können helfen, sich in eine solche Haltung sich selbst gegenüber einzuschwingen:

»Hier muss ich keine Bedingungen erfüllen.«

»Ich bestrafe und verurteile mich nicht.«

»Ich erkenne und korrigiere, wo ich mir etwas vormache, etwas schönrede oder schönfärbe und wo ich nicht aufrichtig mit mir bin.«

»Ich will versuchen, mich in dieser Blöße und Ehrlichkeit anzuschauen und anzunehmen.«

Selbst wenn man dies nicht ausformuliert, kann die Bereitschaft und Absicht, mit sich zu sprechen und sich im Spiegel anzuschauen, doch auch Ausdruck dieser Haltung sein. Und das alles macht Mut, für sich Verantwortung zu übernehmen und sich Veränderungen zuzutrauen, sich ernst zu nehmen und eine Bedeutung zu geben, nicht so schnell aufzugeben, sondern beharrlich etwas weiterzuverfolgen, mehr auszuprobieren und noch tiefer in sein Inneres vorzustoßen.

Der Innere Raum ermöglicht die Freude daran, sich neu zu entdecken, das Bild von sich zu verändern. Er unterstützt die eigene Spontaneität und Vitalität. Ich mache die Erfahrung, dass dieser offene und ehrliche Umgang mir dabei hilft, den inneren Druck, immer gefallen oder mich vor anderen verstellen zu müssen, loszuwerden und wieder freier atmen zu können. Der Innere Raum führt zu Offenheit, Selbstvertrauen und neuen Lösungen. Endlich kann und darf ich zu mir stehen und stolz darauf sein, ehrlich und unverstellt mit mir umgehen zu können.

Offenheit und Geborgenheit

Der Innere Raum mobilisiert Kräfte, baut Ängste und Unsicherheiten ab und ermöglicht damit, dass ich mutiger werde, für mich selbst etwas zu erarbeiten und auszuprobieren. Unabhängig, nicht auf andere angewiesen zu sein und aus eigenen Kräften vorwärtszukommen, vermittelt mir das Gefühl von Freiheit und Zuversicht. Der schützende Innere Raum sorgt dafür, dass ich mich in ihm geborgen und sicher fühle.

Mit dem Wissen und dem Vertrauen, einen Weg allein gehen und Probleme selbstständig lösen zu können, traue ich mir mehr zu und glaube stärker daran, dass mir das, was ich vorhabe, gelingt. Diese Erfahrungen verschaffen mir ein neues Bild von mir selbst, das mich aufbaut und mir hilft, auch schwierigere Situationen zu meistern. Eine solche Selbstwahrnehmung trägt zudem zu einer positiveren Selbsteinschätzung, zu größerem Selbstvertrauen bei und gibt mir das Gefühl, selbstwirksam zu sein.

Im Inneren Raum kann ich meinen Gedanken nachhängen, darf ich nur ich selbst sein und mich spüren. So entstehen ungewöhnliche Überlegungen, denen ich erlaube, an die Oberfläche und ins Bewusstsein vorzudringen. Oft sind sie wild und ungeordnet, dann wieder durchzogen von messerscharfen Überlegungen. Das Ganze gleicht einem Puzzle, das langsam Gestalt annimmt, ohne dass ich realisiere, was da genau passiert. Anfänglich sind die Gedanken häufig ungerichtet, wenden sich mal hierhin, mal dahin. Aber das Sprechen mit mir selbst ist hier alles andere als ein sinnloses Herumstottern oder Palavern, sondern ein der inneren Logik gehorchendes Entstehen und Werden im Gedankenraum: da anklopfen, dort einen Gedanken aufnehmen, bis sie zunehmend an Farbe und Form gewinnen. Das reicht bis hin zu einzelnen Formulierungen, die in der Folge immer klarer und eindeutiger werden. Sie formen sich wie von selbst, erhalten ihren Platz und ihre logische Gliederung und werden stetig einleuchtender und fassbarer, setzen sich zu einem Bild zusammen, das immer mehr an Aussagekraft gewinnt. Damit geht einher, dass man sich immer klarer und eindeutiger spürt. Mit dieser gewonnenen Klarheit und Genauigkeit kann man eindeutiger und selbstbestimmter denken und das eigene Handeln gezielter hinterfragen und planen.

Eine weitere Erfahrung im Inneren Raum: Manchmal tauchen Lösungen, Antworten und Einsichten auf wie Sternschnuppen am Himmel, und das in einer nie gekannten Klarheit und Eindeutigkeit. Das sind Situationen, in denen wir nach kurzem Staunen verstehen, was da mit uns im Gespräch passiert ist.

Ein innerer Gesprächsverlauf kann nicht durchgeplant oder mühsam konstruiert werden. Er entsteht und formt sich nach einer eigenen Logik. Mit dem Inneren Raum scheint eine tiefe und feste Verbindung zwischen mir und meinem Inneren Dialog zu entstehen, die vieles möglich macht und tiefer geht als die Gespräche in meinem Alltag.

Mit sich selbst ins Gespräch zu kommen, ohne etwas Bestimmtes zu wollen, vermittelt mir eine ganz neue Lebenserfahrung. Zeit zu haben und sich Zeit nur für sich zu nehmen, erhöht die Lebensqualität, auch dann, wenn der von Alltag, Stress und Problemen gekennzeichnet ist. Sich nur für sich Zeit nehmen und nur für sich und mit sich sein zu dürfen, ist ein Privileg, das der Innere Raum ermöglicht. Wenn man still und aufmerksam sich selbst gegenüber ist, gelingt es, Seiten an sich zu entdecken, die man bisher nicht kannte. Das alles gehört zu dem, was den Inneren Raum für den Inneren Dialog und den Menschen so kostbar macht.

Der Innere Raum ist ein Kraftort, ein Ort der Freiheit, Ehrlichkeit und Selbstbestimmung, an dem das Leben gelebt, nachgelebt und vorgelebt wird. Er ist auch ein Ort, an dem man über sich lachen, weinen und verzweifeln kann, wo gestritten, geliebt, bereut und verziehen wird. Indem ich ganz bei mir bin, wachse ich über mich hinaus, tun sich neue Horizonte auf und erwacht die Lust am Verändern und Kämpfen. Der Innere Raum ist ein großer und geschützter »Möglichkeits-Raum«.

Frei und ohne Beschränkung

Es ist ein Privileg, einen solchen Raum für sich öffnen zu können und in ihm geborgen und geschützt in einen Inneren Dialog mit sich einzutreten, bei dem alles sein darf, alles Platz hat und in dem Verworfenes ein fruchtbarer Boden für Neues werden kann. Es gibt kein »Das gehört nicht hierher« oder »Dafür gibt es hier keinen Platz«, »So darfst du nicht denken oder sprechen«, oder »Das macht man nicht, das gehört sich nicht«. Es gibt nichts, das nicht besprochen oder näher betrachtet und untersucht werden darf, und auch keine Vorschriften oder Einschränkungen wie: »Das ist kindisch, egoistisch, unmenschlich, brutal …«

Es ist immer der Mensch selbst, der entscheidet, was er gerade will, worum es ihm geht und was ihm im Moment wichtig ist. Wer sich auf ein Gespräch vorbereiten will, kann das tun. Es ist aber auch in Ordnung, sich nicht vorzubereiten und das Gespräch auf sich zukommen zu lassen. Jeder hat seine momentanen Vorlieben und seine grundsätzlichen Prioritäten, mit denen er in ein Gespräch einsteigt und wie er es gestaltet. Es gibt niemanden, der einem vorschreibt, was man zu tun hat, was man darf oder muss oder soll. Es gibt auch keine Pflicht, einen einmal eingeschlagenen Weg zu Ende zu gehen. Und es ist ebenso erlaubt, ihn vorzeitig zu beenden.

Zudem muss niemand gut finden, was und wie etwas gerade besprochen wird. Auf welchem Weg im Inneren Dialog etwas zum Abschluss oder ein Problem zu einer Lösung kommt, geht niemanden etwas an. Ich betone dies, weil vielen von uns fremd ist, so zu denken. Dass alles möglich ist, dass man so sein darf, wie man ist, und dass ein Gespräch auch unter solchen Bedingungen wirksam und erfolgreich sein kann, ist nicht so einfach nachzuvollziehen, aber es funktioniert. Zu sagen, was man will und sich dabei gänzlich selbst zu vertrauen, ist auch in anderen Bereichen des Lebens leichter gesagt als getan. Der Innere Dialog aber bietet mir diese persönliche Freiheit.

Oft geht man davon aus, dass eine gute Vorbereitung entscheidend ist für ein gutes Gelingen. Das mag in vielen Fällen auch zutreffen. Für den Inneren Dialog führt jedoch jede Form des Einstieges zu einem spannenden Verlauf und zu einem befriedigenden Ausgang. Manchmal ist es ein diffuses Unbehagen, das den Menschen zum Dialog mit sich selbst führt, ein andermal eine klare Fragestellung. Entscheidend ist die Bereitschaft, sich Zeit zu geben und sich ohne Vorbehalte auf ein solches Gespräch einzulassen.

Was andere über mich denken, spielt ebenfalls keine Rolle im Inneren Dialog, es sei denn, dass ich dieses Thema explizit zum Ausgangspunkt meines Gesprächs mit mir wähle. Fragen wie »Wie muss ich sprechen, damit mich der andere ernst nimmt, mich versteht oder mir glaubt?« oder »Wie muss ich mich verhalten, dass die anderen mich für kompetent halten?« zählen nicht.

Es liegt nur an mir, einen Umgang mit mir zu finden, der diese Freiheit zulässt. Es ist an mir, eine Haltung und eine Einstellung zu finden, damit ich alles zulassen kann. Ich bin es, der sich freistrampelt und nicht zulässt, dass ich bewertet werde, weder von außen noch von mir selbst. An diese Freiheit muss man sich jedoch zunächst gewöhnen, weil man es so oft anders erfahren hat. Doch wenn die Freiheit verloren geht, stirbt auch die Lust und Freude am Sprechen und Denken. Druck macht eng und unkreativ. Es geht dann nicht mehr um Neues oder Unerwartetes, sondern nur noch um das Beharren auf dem, was ist. Eigene Bedürfnisse verlieren ihren Wert.

4. Innerer Dialog und die besondere Rolle des Alter Ego

Die Aufgabe und Rolle des Alter Ego

In der Gestaltung des Inneren Dialogs bin ich frei in der Wahl des Gesprächspartners und offen, selbst wenn sich im inneren Gespräch mit einem Gegenüber häufig plötzlich ein anderer Schwerpunkt ergibt. Und das häufig, ohne diesen Themenwechsel gesucht oder bemerkt zu haben. Der Innere Dialog kann ganz unterschiedlich verlaufen. Manchmal folgt er einer eher logischen und nachvollziehbaren Struktur, manchmal ist er aber auch eher assoziativ und nimmt überraschende Wendungen, die häufig zu einem konstruktiven und erstaunlichen Ergebnis führen. Einmal ändert die innere Betroffenheit spontan das weitere Vorgehen, ein andermal sind es neue Einsichten, die das Gespräch einen anderen Verlauf nehmen lassen, und wieder ein anderes Mal ändert das Gespräch geradezu unbemerkt und automatisch das Thema und seine Richtung. Zudem ist der Innere Dialog von augenblicklichen Einschätzungen, Erfahrungen und Stimmungen abhängig, die ins Gespräch einfließen und dieses beeinflussen. Gerade diese Beweglichkeit und Spontaneität sind es, die wir als besonders effektiv erfahren und die für einen guten Ausgang des Gespräches verantwortlich sind. Wer öfters mit sich solche Gespräche führt, weiß um die schnellen Richtungswechsel, die der Dialog mit sich selbst nehmen kann. Er rechnet von vornherein damit und weiß um das Potenzial, das darin steckt, und die Chancen, die sich dadurch auftun.

Dieses Spontane und Überraschende macht den Inneren Dialog so wertvoll. Nichts ist starr und nichts ist festgelegt. Auch wenn ich eine klare Vorstellung davon habe, was ich will, heißt das noch lange nicht, dass ich mich im Gespräch mit mir selbst daran halte. Sobald ich in einen Inneren Dialog einsteige, mache ich, was für mich in diesem Moment richtig ist. Es muss nur für mich stimmig sein, ich sollte mich dabei wohlfühlen und so offen und frei sprechen, wie ich kann.

Freiheit und Selbstbestimmung sind in diesem Rahmen entscheidender als Vorschriften, wie ich mich zu verhalten habe, mögen sie mir noch so einleuchtend und logisch erscheinen. Im Inneren Dialog nimmt man intuitiv das auf, was einem im Moment besonders naheliegt. Wir sind frei, bleiben uns selbst überlassen. Das Gespräch folgt immer wieder seinen eigenen Gesetzmäßigkeiten.

Wenn sich der Innere Raum buchstäblich in mir auftut, verändere ich mich allerdings auch. Das merke ich immer wieder bei mir selbst: Ich bin offener, bereiter, etwas zu akzeptieren und anzunehmen, engagierter und noch näher bei mir und dem Gegenüber, als ich es sonst bei Gesprächen bin.

Zum Inneren Dialog gehört, dass wir mit verschiedensten Gesprächspartnern sprechen können. Da wäre zunächst mein Alter Ego als Teil meiner selbst. Ich kann mir aber auch einen Freund vorstellen als mein Berater und Betreuer. Oder ich spreche mit meinem »inneren Advocatus Diaboli«, der mit seinen Argumenten absichtlich meine Gegenseite vertritt und ganz bewusst Gegenargumente in eine Diskussion einbringt, um sie zu beleben. Ich kann mir aber auch meinen Partner, Vater, meine Mutter, meine Schwester oder andere Verwandte als Gegenüber wählen. Möglich ist zudem, mit meinem Rivalen, meinem Feind ins Gespräch zu kommen.

Oder mit irgendeiner anderen Person, die für mich in dieser Situation von Bedeutung ist.

Am häufigsten sprechen wir im Inneren Dialog jedoch mit unserem Alter Ego, das wir als eigenständigen Gesprächspartner, meist als Freund und Helfer erfahren und nicht als Teil von uns selbst. Die eigentliche und hauptsächliche Aufgabe des Alter Ego ist es, uns weiterzubringen, uns zu unterstützen, um umsetzen zu können, was wir möchten, was immer das in der konkreten Situation für uns bedeutet.

Je nach Thema und Verlauf des Gespräches kann die Aufgabe des Alter Ego und der Stil seiner Intervention oder seines Beitrages variieren. Grob kann man zwei Gruppen von Gesprächsverhalten unterscheiden, die beide das Wohl und das Weiterkommen des Menschen zum Ziel haben: die unterstützende und die provozierende Intervention.

Unterstützende Intervention des Alter Ego

Das Alter Ego spielt in dieser Form des Inneren Dialogs eine erlebbar sinnvolle und konstruktive Rolle. Es unterstützt, gibt Anstoß zu neuen Überlegungen und anderen Sichtweisen und hilft, Haltungen zu hinterfragen und zu verändern. In dieser Rolle baut das Alter Ego keinen Widerstand auf. Auf diese Weise werde ich bereiter und offener, Anregungen ernst zu nehmen und gegebenenfalls zu übernehmen.

Das Alter Ego kann in seiner konstruktiven Rolle:

- anfeuern und motivieren,
- dabei unterstützen, weiterzumachen, nicht aufzugeben,
- beruhigen,
- Mut machen,
- loben,
- Stichworte geben,

- bremsen, wenn es zu schnell geht,
- helfen, den verlorenen Gesprächsfaden wiederzufinden,
- Formulierungshilfen anbieten, um etwas prägnanter auszudrücken und auf den Punkt zu bringen,
- helfen, etwas besser zu verstehen,
- darauf hinweisen, was noch wichtig ist, was nicht vergessen werden darf,
- formulieren, wie etwas beim Gegenüber ankommen kann,
- auffordern, die Perspektive zu wechseln,
- Vorschläge machen,
- auffordern, etwas zu wiederholen,
- immer wieder darauf hinweisen, dass ich meine eigene Formulierung finden darf und soll,
- Angst nehmen, Fehler zu machen,
- entlasten,
- gut zureden,
- aufmuntern, beistehen, unter die Arme greifen, animieren, positive Gedanken und Anregungen unterstützen.

Formulierungen des Alter Ego, die hilfreich und aufbauend sind, können sein: »Das ist grandios, wie du das machst, besser geht es nicht. Spitze, weiter so, du bist genial, du bist viel besser, als ich gedacht habe. Ich komme aus dem Staunen gar nicht mehr heraus, bravo!« Oder auch: »Du kannst dir vertrauen, du kannst dich auf dich verlassen, du bist ganz nah bei dir, du merkst, wenn sich etwas für dich nicht richtig anfühlt, du musst nichts an- oder übernehmen, wenn es für dich nicht stimmt.«

Die wohlwollende und aufmunternde Haltung des Alter Ego fordert und fördert. Sie belebt das Gespräch und lässt eine angenehme und konstruktive Gesprächsatmosphäre entstehen. Zudem ist diese Form der Kommunikation beispielhaft für konstruktive Gespräche und regt uns an, auch mit anderen außerhalb des Inneren Dialogs in dieser Art zu kommunizieren. Sie kann sich sogar zu einem ganz persönlichen Gesprächsstil entwickeln.

Positive Wirkung haben auch die Interventionen des Alter Ego, weil es nicht drängt, mir Zeit zum Überlegen gibt, nichts behauptet und nicht alles besser wissen will, nicht schulmeistert, auch wenn es gut gemeint ist. Zudem spricht es nicht zu sehr von sich und füllt damit nicht selbst den ganzen Inneren Raum aus.

Folgende Aufforderungen und Affirmationen des Alter Ego sind besonders hilfreich:

- »Versuch es doch!«
- »Was kann denn schiefgehen?«
- »Verändern kann sich nur etwas, wenn du etwas wagst.«
- »Du kannst das!«
- »Du hast schon anderes und Schwierigeres bewältigt.«
- »Du brauchst keine Angst zu haben, es kann dir nichts passieren, du kannst nur lernen und gewinnen.«
- »Du wirst zufrieden sein, wenn du es versucht hast.«
- »Man lernt auch dann, wenn etwas nicht gelingt.«
- »Siehst du, wie gut du das erfasst, besser und schneller könnte man nicht reagieren.«

Positive Formulierungen und Interventionen des Alter Ego verhindern negative Gedanken und Zweifel und bewirken, dass Ängste und Unsicherheiten nicht noch verstärkt werden. Aussagen wie diese unterstützen, stärken und ermutigen und können helfen, Hindernisse, die einem guten Ergebnis im Weg stehen, zu beseitigen. Sich Mut zu machen, sich in seinem Selbstvertrauen zu stärken, seine Bemühungen zu unterstützen und gutzuheißen ist um einiges konstruktiver als zu meinen, mit Befehlen, Abwertung und Druck etwas bei sich verändern zu können. Diese Einsicht und die Vermittlung derselben an meine Klienten war all die Jahre eine der wichtigsten Grundlagen meiner psychotherapeutischen Arbeit. Denn diese Einsicht spielt auch in anderen Zusammenhängen eine wichtige Rolle, beispielsweise in Bezug auf chronische Schmerzen. Daher formulierte ich schon im oben bereits erwähnten Buch »Stärker als der Schmerz«: »Das Selbstgespräch ist nur dann hilfreich, wenn es nicht in einem verurteilenden, abwertenden oder fordernden und ungeduldigen Ton geschieht, sondern im Bemühen um einen wertschätzenden und wohlmeinenden Umgang mit sich. Sich Verständnis entgegenzubringen und liebevoll mit sich umzugehen, ist Balsam für die Seele. (…) Auf sich zu hören und sich ernst zu nehmen, verhindert auch, dass man im Gespräch mit sich zu viel von sich fordert, sich unter Druck setzt, und das im Bemühen, eigentlich Gutes für sich zu tun.«[3]

Provokative Intervention des Alter Ego

Äußert sich das Alter Ego in eher provokanter Weise, geht es darum, dem Menschen zu helfen, sich besser kennenzulernen und Verhaltensweisen im Umgang mit schwierigen Situationen zu üben. Ziel ist, ihn zu stärken und resistenter zu machen im Gespräch mit aggressiven, uneinsichtigen und verbal übergriffigen Menschen. Diese Zielsetzungen müssen explizit formuliert werden, damit klar ist, welche Absicht hinter den eher provokativen Interventionen des Alter Ego steht. Es geht nicht darum, sich selbst fertigzumachen, sondern sich selbst dabei zu helfen, mit schwierigen Situationen umzugehen, zu erfahren, wie diese Interventionen bei einem selbst ankommen, wie man auf eine gute Art damit umgehen und sich besser vor ihnen schützen kann.

Im Rahmen des auf diese Art und Weise geführten Dialogs mit meinem Alter Ego kann ich überlegen und mir bewusst machen, was ein Gegenüber, das mich mit seinen Äußerungen provoziert, in mir auslöst und auf welche Weise ich üblicherweise spontan reagiere: eher mit Rückzug, blockiert und stumm oder schalte ich schnell auf Angriff? Und wenn ich angreife, geschieht das auf angemessene Weise oder eher »unter der Gürtellinie«? Im Rahmen dieses inneren Gespräches habe ich die Möglichkeit, diesbezüglich an mir zu arbeiten und wirksame Verhaltensweisen einzuüben. Um sich zu schlagen, zu schreien, sich vielleicht dem Niveau des Gegenübers anzugleichen, sind jedenfalls die denkbar schlechtesten Formen eines souveränen Umganges, auch wenn sie menschlich nachvollziehbar und verständlich sind. Provozierende Interventionen, die ich bewusst meinem Alter Ego in den Mund lege, helfen dabei, meine Reaktionen zu üben, wenn jemand mit Unterstellungen kommt, mit aggressiven Kommentaren, Vorwürfen, Beschimpfungen oder Beleidigungen, wenn mein Gegenüber laut wird und mich anklagt oder mich nicht ausreden lässt und nicht auf mich eingeht oder mich bewusst falsch verstehen will. Diese Art von Innerem Dialog ist hilfreich, um mich schützen zu lernen, wenn jemand mich im Gespräch abwertet oder schlechtmacht, mich kritisiert oder unlautere Absichten unterstellt oder sogar bösartig wird.

Solche Gespräche mit sich selbst zu führen ist schwierig und unangenehm. Man merkt aber schnell, wie hilfreich es ist, wenn man sich solch provozierenden Aussagen stellt. In einer auf diese Weise bewusst konstruierten Gesprächssituation spürt man, wie stark man in vergleichbaren Situationen im Alltag gefordert ist und auch getroffen werden kann.

Daher ist es wichtig, sich in diesem geschützten Rahmen auf den Ernstfall vorbereiten zu können.

Themen und Aufgaben, bei denen das Alter Ego in besonderer Weise eine Hilfe sein kann

Wenn Menschen sehr bewusst und zielstrebig in einen Inneren Dialog einsteigen, dann geht es ihnen dabei oft um Fragen nach ihrer inneren Zufriedenheit und um Lebensthemen, die sie besonders beschäftigen und bedrängen. Dass sie zur Bearbeitung dieser Themen den Inneren Dialog wählen, hat häufig mit der Angst zu tun, mit einem anderen Menschen über Persönliches zu sprechen. Sie fühlen sich nicht frei und genieren sich, Privates oder gar Intimes vor anderen auszubreiten. Das Bedürfnis nach Antworten und Lösungen lässt sich aber nicht so leicht zum Schweigen bringen.

Es geht dabei um Fragen wie:
- »Weshalb gelingt es mir nicht, zufrieden zu sein? Immer gibt es etwas, das mir im Weg steht. Ich weiß nicht, wie ich damit umgehen soll.«
- »Warum kann ich immer nur sehen, wo ich versagt habe, welche Fehler ich gemacht habe, aber nie, was mir gelungen ist und was ich alles schon geschafft habe?«
- »Was möchte ich verändern, was dazufügen, wo vielleicht einen Schlussstrich ziehen? Kann ich überhaupt etwas verändern und wenn ja, wie kann das gelingen?«
- »Weshalb fühle ich mich immer so mies?«
- »Weshalb bin ich immer noch allein, obwohl ich mir so sehr eine Beziehung wünsche?«
- »Weshalb fühle ich mich immer schuldig?«

Um im Inneren Dialog Antworten auf Fragen rund um die Themen Zufriedenheit und Lebensqualität zu bekommen, ist das Alter Ego besonders geeignet. Es kann mir Hinweise geben und Aspekte und Impulse bieten, die mich dazu animieren, weiter zu fragen oder auch etwas zu hinterfragen. So kann es gelingen, einen Weg aus dem Zustand der Orientierungslosigkeit und Überforderung herauszufinden. Hinzu kommt, dass Menschen oft gar nicht wissen, was es denn ist, dass sie so unzufrieden mit sich sind und sich so schlecht fühlen. Sie ahnen und spüren etwas, es fällt ihnen jedoch schwer, das konkret zu formulieren. Spüren allein genügt jedoch nicht, um etwas aktiv zu verändern.

Ich bin überzeugt, dass ein zufriedenes Leben ganz wesentlich mit den Werten Dankbarkeit, Demut, Geduld und Selbstbestimmung zu tun hat. Diese Werte sind wesentliche Bausteine von Zufriedenheit. Der Innere Dialog ist das ideale Übungsfeld, um diese im Alltag zu finden und zu integrieren. Die Antworten, die das Alter Ego mir anbietet, spielen dabei eine wichtige und unterstützende Rolle, weil sie mir helfen, für das dankbar zu sein, was ich habe – ob Gesundheit, Geld, Wohnung oder Auto –, und nicht immer noch mehr zu wollen, auch nicht an Zuwendung, Dankbarkeit und Wertschätzung. Ich kann so einüben, mich nicht ständig mit anderen zu vergleichen oder auf das zu schielen, was sie haben. Ich lerne, mich nicht nach anderen auszurichten, sondern von mir auszugehen. So kann es gelingen, nichts als selbstverständlich zu nehmen, was zu mir gehört und was ich verdient habe, sondern vielmehr alles als Geschenk zu sehen, das erfreut und guttut. Das führt auch dazu, dass ich mich nicht mehr darüber aufrege, dass andere mehr Glück haben und weniger tun müssen für das, was sie haben. Im Gegenteil: Ich kann mich vielleicht sogar an dem freuen, was andere haben, ich gönne es ihnen und freue mich darüber, dass es ihnen gut geht. Wer nur sieht, dass andere mehr haben und besser leben, wird mit der Zeit verbittert. Um das zu verhindern, kann ein regelmäßiger Innerer Dialog hilfreich sein.

Sich ab und zu Zeit dafür zu nehmen verhindert, dass man langsam und ohne es zu merken auf ein falsches Gleis gerät, dabei kann das Alter Ego ein wertvoller Begleiter und Trainer sein. Es zeigt mir meine blinden Flecken auf und führt mich immer wieder zurück zu den inneren Werten Dankbarkeit, Demut, Geduld und Selbstbestimmung. Sich selbst diese Zufriedenheit zu schenken und mit Geduld an dieser Haltung zu arbeiten, ist mit großer Genugtuung verbunden. Um mit mir zufrieden zu sein, sind jedoch auch andere Faktoren wichtig und hilfreich. Vieles davon habe ich selbst in der Hand. Hier kann mein Alter Ego, wenn ich ihm diese Aufgabe überlasse, Entscheidendes beitragen. Besonders wertvoll ist und bleibt das aufmunternde und verständnisvolle Begleiten.

Positive Impulse und Anregungen, die das Alter Ego mir geben kann:

- dass ich mich selbst verantwortlich fühle für meine eigene Zufriedenheit und nicht immer auf Bestätigung von außen warte;
- dass ich meine eigene Zufriedenheit nicht abhängig mache von Faktoren, auf die ich keinen Einfluss habe, wie die Wertschätzung von außen oder meine soziale Herkunft;
- dass ich im Hier und Jetzt lebe und nicht alles auf später verschiebe, nach dem Motto: »Wenn ich erst mal ...«;
- dass ich selbst die Verantwortung für meine Entscheidungen übernehme und mich damit auch weniger abhängig und ausgeliefert fühle;

- dass ich mich nicht unter zeitlichen Druck setze, etwas schon fertig zu haben, bevor ich damit begonnen habe;
- dass ich mich nicht unter Druck setze, ja keinen Fehler zu machen, perfekt sein zu müssen.

Das alles sind entscheidende Aspekte, um mit sich selbst zufrieden sein zu können. Und es sind Gedanken, mit denen ich mich im Inneren Dialog auseinandersetzen kann. Je vertrauter sie mir werden, desto bewusster und erfolgreicher kann ich sie im Alltag umsetzen. Die Erfahrungen, die ich damit mache, können wiederum zum Thema im Inneren Dialog werden.

Es gibt noch andere Faktoren, die zur Zufriedenheit beitragen. Sie können aber dazu nur verhelfen, wenn man sie nicht als selbstverständlich betrachtet oder als etwas, das einem zusteht. Zufriedenheit fällt einem nicht in den Schoß, sondern ist etwas, was wir uns immer wieder vor Augen führen und worum wir uns bemühen müssen.

Ein Beispiel: Es ist keine Selbstverständlichkeit, einen Beruf auszuüben, der einem entspricht und bei dessen Ausübung man Freude und Lust empfindet. Wenn ich gerne zur Arbeit gehe – zumindest meistens –, der Beruf kein Muss, keine Pflicht und keine Belastung für mich darstellt, wenn ich mich über die Arbeit freue, gerne in einem Team mitarbeite oder Vorgesetzte habe, die mich unterstützen und motivieren, ist dies durchaus ein Grund, mit sich und seinem Leben zufrieden zu sein. Entscheidend bleibt, dass man sieht und schätzt, was man hat, dass man dankbar ist und nicht immer wieder darüber nachdenkt, wo man sich in irgendeiner Form benachteiligt fühlt oder es vielleicht sogar ist. Dazu gehört die Bereitschaft, Positives ohne dieses »ja schon, aber …« anzuerkennen und gleichzeitig das, was schwierig ist, stehen zu lassen, ohne zu bagatellisieren oder schönzureden. Dankbarkeit hilft zudem, anderen Menschen, denen es nicht so gut geht, mit mehr Verständnis zu begegnen.

Andere Beispiele für Themen, bei denen das Alter Ego im Inneren Dialog besonders hilfreich sein kann, sind zum Beispiel Beziehungen oder die eigene Gesundheit, aber auch geopolitische Konstellationen, weil sie häufig eine Quelle existenzieller Unsicherheiten und Ängste sind und sich unmittelbar auf die Lebensqualität des Menschen auswirken. Auch in diesen Bereichen kann das Gefühl von Dankbarkeit hilfreich sein, ebenso die Einsicht, nicht alles als selbstverständlich anzusehen.

Menschen durch verschiedenste Anregungen zu mehr Zufriedenheit zu verhelfen, ist eine der schönsten Aufgaben des Inneren Dialogs. Ihn behutsam, respektvoll und nicht überfordernd zu unterstützen, verschafft die Sicherheit und Motivation, selbstbestimmter zu leben und Verantwortung für sich zu übernehmen.

Meine persönliche Erfahrung mit dem Alter Ego

Bei einem meiner letzten persönlichen Inneren Dialoge habe ich die verschiedensten Facetten des Alter Ego erfahren dürfen. Es gab den Takt und die Richtung des Gespräches vor und lieferte die Stichworte. Und es war maßgeblich daran beteiligt, dass neue Erkenntnisse und Einsichten zum Thema werden konnten. Immer wieder war ich überrascht, wie schnell mein Alter Ego in seine Rolle fand und eine Strategie entwickelte, ohne dass ich mir eine solche ausgesucht oder zurechtgelegt hatte. Ich habe mich regelrecht befreit gefühlt, wenn das Alter Ego mir gegenüber immer wieder Verständnis zum Ausdruck brachte. Auch diese Interventionen gingen übrigens vom Alter Ego aus und nicht von mir. Das animierte und beflügelte mich. Ich spürte jedes Mal, dass Energie frei wurde und ich neu Tritt fassen konnte. Darüber hinaus freute mich jede spontane und ungewohnte Formulierung, unabhängig davon, ob sie von meinem Alter Ego oder von mir selbst kam. Ich konnte mich im Gespräch vergessen, konnte loslassen und habe mich nicht mehr beobachtet und kontrolliert, wie es sonst häufig der Fall ist. Das Gespräch lief wirklich wie von selbst. Als wertvoll erlebte ich das Alter Ego auch, wenn es sich bemühte, zu verstehen, was ich sagte. Dann fühlte ich mich besonders gut verstanden. Wenn ich von ihm zu hören bekam, dass ich mich ihm gegenüber verständlich machen konnte, half mir das, geäußerte Gedanken zu präzisieren und weitere daran anzuschließen.

Es hat mir immer gutgetan, wenn mir das Alter Ego aufzeigte, was ich schon erreicht habe und was mir besonders gut gelingt, aber auch, wenn es mich spüren ließ, dass es mit dem Gesprächsverlauf und vor allem mit mir zufrieden ist. Das motivierte mich enorm, selbst dann, wenn es negative Reaktionen oder Bemerkungen von mir über mich selbst in konstruktive Formulierungen umwandelte. Natürlich ist das Alter Ego ein Teil von mir, aber ich gewann immer mehr Abstand zu ihm. Nicht ich habe mir Mut zugesprochen, mich gelobt und unterstützt, sondern es schien, als würde mir eine unabhängige und autonome »Person« antworten. Ich erlebte das als so authentisch, so selbstverständlich und natürlich, dass es mich nicht befremdete oder mir das Gespräch gesucht und künstlich vorgekommen wäre.

Hilfreich für mich war insbesondere, wenn sich das Alter Ego im Gespräch mit mir zurückhaltend zeigte und mir viel

Raum ließ. Wenn ich diese zurückhaltende und dennoch vorhandene Präsenz des Alter Ego spürte, seiner Stimme vertrauen konnte, fühlte ich mich sicher und merkte auch, wie meine innere Spannung nachließ. Wenn mir mein Alter Ego sagte, dass es keine Rechtfertigung oder Verteidigung von mir erwartet, dass es auf meiner Seite steht und ich keine Angst haben muss vor schroffen oder abwertenden Äußerungen, schenkte mir das Sicherheit und Ruhe. Dann konnte ich mich noch mehr auf mich selbst konzentrieren, was mir dabei half, Verantwortung für das Gespräch an das Alter Ego abzugeben. Ich habe seine Äußerungen kaum je infrage gestellt oder an seiner Kompetenz gezweifelt – das ist mir aber erst später aufgefallen. Auch wenn ich mich wehrte, wenn es zu meinem Leidwesen mit einer Äußerung ins Schwarze getroffen hatte, habe ich ihm vertraut. Auf diese Weise habe ich ganz konkret und am eigenen Leib erfahren können, wie hilfreich der Innere Dialog für die Entwicklung des eigenen Selbst und der eigenen Zufriedenheit ist.

5. Themen und Einsatzmöglichkeiten des Inneren Dialogs

Im Inneren Dialog geht es nicht um »Orchideenthemen«, die nur am Rand oder nur für wenige interessant sind. Vielmehr nimmt man meist das auf, was einem im Alltag und im Leben beschäftigt: was einem wichtig ist, was einen blockiert, nervös macht oder belastet und nicht so einfach an die Seite geschoben werden kann. Häufig geht es sogar um notwendige Befreiungsschläge und Weichenstellungen, um deren Bedeutung und Dringlichkeit man schon lange wusste, die man aber nicht angehen wollte oder nicht anzugehen wagte.

Im Inneren Dialog verbinden sich das »echte« Leben draußen und die Innenwelt eines Menschen aufs Engste miteinander. Beides wird ineinander verwoben, integriert, ergänzt und korrigiert sich. Hier will und kann ich etwas verändern. Hier bleibe ich in Bewegung, bleibe ich lebendig. Es ist diese Lebendigkeit und die Fähigkeit, sich zu verändern und zu wachsen, die einen Menschen und seine Einmaligkeit wesentlich ausmachen. Der Innere Dialog gibt dieser Entwicklung Schub und Energie und dem Leistungsvermögen Auftrieb und Richtung. Er macht ihn bereit und fit für Veränderungen im realen Leben.

Der Innere Dialog kann aber auch ein Innehalten sein, ein In-sich-Hineinspüren, um auf diesem Weg zu den je eigenen Themen zu kommen. Zum Beispiel, aggressive Impulse sich selbst und anderen gegenüber zu verstehen und zu lernen, in den entsprechenden Situationen anders mit sich umzugehen. Der Innere Dialog hilft auch, Diffuses, Unsicherheiten und Widersprüchliches zu erfassen und zu klären. Zudem kann er dazu beitragen, Angstzustände und traumatische Erlebnisse zu verarbeiten und zu überwinden.

Im Folgenden möchte ich einige dieser Themen etwas genauer betrachten und darauf eingehen, wie der Innere Dialog hier Anwendung finden kann.

Schwierigkeiten im Umgang mit sich selbst und anderen

Häufige Themen des Inneren Dialogs sind solche, die einem besonders nahegehen, zum Beispiel, weil man spürt, dass es im eigenen Leben etwas gibt, das so nicht mehr stimmt, weil sich etwas verändert hat und nun vieles, das stimmig war, querliegt und stört. Vielleicht schämt man sich dessen und ist belastet, weil es sich um Themen handelt, die man schon längst hätte angehen müssen. Oder es geht um Themen, die mit Scham, Schuld oder Versagen verbunden sind, aber nicht von selbst wieder verschwinden. Manchmal geht es auch um etwas, das Personen oder Ereignisse betrifft, die man heute anders betrachtet, was einen neuen Zugang, eine neue Sicht oder Haltung ihnen gegenüber notwendig macht. Häufig sind es zudem Gefühle, die belasten, einen nicht loslassen, am eigenen Selbstbewusstsein und der eigenen Selbstsicherheit nagen oder nicht in das Bild passen, das man von sich hat oder gerne haben möchte. Beispielsweise ein Unrecht, das man einem anderen Menschen angetan hat, Untreue, die stark belastet und die Frage aufwirft: beichten oder nicht? Es kann aber auch darum gehen, sich mit jemandem zu versöhnen oder mit sich selbst und dem eigenen Verhalten in der Vergangenheit ins Reine zu kommen, sich bei jemandem entschuldigen oder einen jahrelangen Konflikt beenden zu wollen und nicht zu wissen, wie dies gelingen soll und ob man die Kraft dazu hat.

Es gibt also vieles, das Menschen nicht zur Ruhe kommen lässt. Solche und ähnliche Themen können so breiten Raum einnehmen, dass sie das Leben erschweren oder ein normales Leben sogar verunmöglichen. Ich kann mich nicht mehr freuen, lebe selten im Hier und Jetzt, bin ständig damit beschäftigt, nach Lösungen zu suchen, um die innere Spannung und Zerrissenheit aufzulösen, ich lebe mit einem ständigen schlechten Gewissen, was sich auf meine Motivation und Leistungsfähigkeit auswirkt. All das hat zur Folge, dass ich mich innerlich nicht frei fühle und nicht das leisten kann, wozu ich sonst in der Lage wäre. Ich kann das Vergangene nicht abschließen, keinen Punkt setzen und schleppe immer etwas mit mir herum, ohne es lösen oder loswerden zu können. Ich fühle mich als Sklave bestimmter Gefühle und Gedanken und Erinnerungen – ein Zustand, der mehr als nur zermürbt und ermüdet.

Ehrlichkeit und Offenheit im Inneren Raum helfen, sich ohne schlechtes Gewissen und ohne Schuldgefühle diesen Themen zu stellen. Es sind keine einfachen Gespräche. Rechtfertigungen, Schutzbehauptungen und Notlügen sind schnell bei der Hand, wie auch Verletzbarkeit und Schuldgefühle. Im Schutz des Inneren Raums und mithilfe eines unterstützenden und positiven Alter Ego kann es jedoch gelingen, sich im Inneren Dialog mit heiklen Themen zu befassen. Solche Gespräche befreien von manchmal jahrelangen psychischen Belastungen, lösen Spannungen und lassen wieder freier atmen. In diesen Gesprächen kann ich erfahren, dass ich die Dinge ändern kann und fähig bin, eigenständig und ohne fremde Hilfe etwas in Bewegung zu setzen. Ich komme auf Lösungen und Gedanken, die ich mir vorher nicht zugetraut hätte und die nun mit dem Inneren Dialog möglich werden. Es sind keine raffinierten Strategien, die ich hier entwickeln muss. Es geht immer um spontane und unkomplizierte Gespräche, die sich auf eine Lösung hin entwickeln, ohne dass ich mich besonders darum bemühen muss. Bei sich zu sein und sich einzulassen auf das Gespräch mit dem Alter Ego, das ist das Rezept.

Schwierige Themen sind besonders dazu geeignet, sie mit dem Inneren Dialog anzugehen, weil sie mich zutiefst berühren, dünnhäutig und verletzlich machen und oft ständig als Gedanke in mir kreisen. Sich wohlwollend und verständnisvoll mit sich selbst auszusprechen, sich zu verstehen und verstanden zu fühlen hilft mir, mich mit meiner persönlichen Geschichte auszusöhnen. Geschützt im Inneren Raum, begleitet und geführt vom Alter Ego, kann der Innere Dialog dabei helfen, Frieden zu finden. Gleichzeitig wird es so möglich, dass neue Lebensfreude und Zuversicht wachsen und Licht in mein Leben kommt.

Für die meisten gibt es wahrscheinlich kaum einen geeigneteren Weg als den Inneren Dialog, um sich mit Themen auseinanderzusetzen und zu beschäftigen, bei denen sie sonst eher empfindlich und kritisch reagieren. Daher sind sie ganz besonders auf behutsame und respektvolle Hilfestellung angewiesen. Im realen Leben ist dies oft mit Angst und Scham behaftet, sodass ein ehrliches und aufrichtiges Gespräch eine zu große Hürde darstellt. Sich bloßzustellen und das Gesicht zu verlieren, lassen die meistens vor einem solchen Gespräch zurückschrecken. Im Gegensatz dazu gibt es im Inneren Dialog niemanden, der mich mitleidig belächeln oder abwerten kann oder vor dem ich mich genieren muss. Alles, was mich im realen Leben hindert, diese Themen an- und auszusprechen, fällt weg. Und mit dem Alter Ego habe ich einen Verbündeten, der mich wohlwollend und beschützend begleitet. Mut braucht man trotzdem, aber der ist in diesem Fall um einiges leichter aufzubringen.

Andere schwierige Themen, die viele Menschen beschäftigen und bewegen, spiegeln sich in den folgenden Sätzen, die viele vielleicht aus ihren eigenen inneren Gesprächen kennen:

- »Ich fühle mich immer so minderwertig und anders.«
- »Ich habe immer so viel Angst, zu versagen, obwohl ich weiß, dass das nicht passieren wird.«
- »Weshalb tappe ich eigentlich immer in die gleichen Fallen?«
- »Warum gelingt es mir nicht, bei gewissen Menschen ruhig und gefasst zu bleiben?«

Immer die gleichen unguten oder angstbesetzten Gefühle zu spüren und sich niemals anders als so zu erfahren, macht hilflos und ohnmächtig. Etwas verändern zu wollen und das nicht zu schaffen, obwohl alles in mir danach strebt, tut weh und entmutigt. Der Innere Dialog kann dabei helfen, Ratlosigkeit und Ohnmacht zu überwinden und Wege zu finden, die aus einer solchen Lage herausführen.

Ein Dialogbeispiel:
»Ich finde andere Menschen sehr schnell langweilig und dann interessieren sie mich nicht mehr.«
»Du bemühst dich aber auch nicht, mit ihnen in Kontakt zu treten.«
»Wie soll denn das gehen, wenn die sofort von sich sprechen? Dann lasse ich sie halt reden.«
»Ja, aber hast du dir je Gedanken gemacht, was dich am anderen interessiert, was du gerne über ihn wissen möchtest?«

»Stimmt, aber dazu komme ich gar nicht.«

»Du lässt dich gar nicht ein, du bist gar nicht präsent. Vielleicht beginnen die anderen nur von sich zu erzählen, weil von dir gar nichts kommt. Vielleicht trauen sie sich nicht, dich etwas zu fragen, weil sie schon deine Distanz und dein Desinteresse spüren. Oder hast du je das Gefühl gehabt, den anderen wirklich etwas von dir erzählen zu wollen?«

»Ich wüsste gar nicht, was ich mit ihnen besprechen könnte.«

»Versuch doch einmal zu überlegen, was du dem anderen sagen oder von ihm erfahren möchtest.«

»Da muss ich aber ganz schön weit unten bei mir anfangen.«

»Ja, damit kennst du dich nicht aus. So kalt, wie du tust, lässt dich dieses Thema aber gar nicht. Das merke ich ganz deutlich.«

»Stimmt, es ist mir nicht egal. Ich spüre tatsächlich so etwas wie ein Versagen. Etwas, was ich nicht kann, das mich belastet.«

»Das kann ich gut verstehen. Und das Gefühl, zu versagen, ist schwer auszuhalten, da geht man möglichst schnell darüber hinweg.«

Sich selbst zum Thema machen

Wir sind meist so mit unserem Alltag und den darin auf uns wartenden Problemen beschäftigt, dass wir uns selten oder gar nicht die Zeit nehmen, uns über uns und unser Leben Gedanken zu machen. Viele, die vielleicht spüren, dass es in ihrem Leben ungelöste Probleme und unbeantwortete Fragen gibt, tun dies ab mit Bemerkungen wie: »Ich habe andere Sorgen, als mich um mich selbst zu kümmern. Für mich ist das reine Zeitverschwendung.« Sich Zeit nehmen für sich und sich selbst zum Thema machen, können die wenigsten, wollen die wenigsten und trauen sich die wenigsten zu, auch weil und obwohl es dabei um wichtige persönliche und existenzielle Fragen geht. Es ist irgendwie nie der richtige Zeitpunkt, sich damit näher zu beschäftigen.

Der Innere Dialog bietet die Gelegenheit, sich diesen Themen zu stellen, denn hier bin ich nicht allein und habe mit dem Alter Ego einen starken und empathischen Begleiter und Freund an meiner Seite. Ich spüre keinen Druck, keine Verpflichtung und keine Bewertung. Mit sich und dem Alter Ego ins Gespräch zu kommen, ist ungefährlich: Man vergibt sich nichts, verliert nichts, kann nur gewinnen. Vielleicht macht man dann auch die Erfahrung, dass es gar nicht so schwierig war, einmal anzufangen und sich mit sich und seinen Problemen näher zu beschäftigen.

Hört man einmal in sich hinein, tauchen Sätze auf, die bereits einige Stichworte für einen Gesprächsbeginn liefern:

- »Mir geht es häufig nicht so gut. Was ist mit mir los?«
- »Was ist mir wichtig? Was freut mich?«
- »Ich habe noch so viele unerfüllte Wünsche.«
- »Bin ich zufrieden mit meinem Leben, mit meiner Beziehung?«
- »Ich habe häufig Angst und weiß nicht, weshalb.«
- »Was beeinflusst mein Leben, wie steht es um meine Zukunft?«
- »Es sollte und könnte mir doch eigentlich gut gehen!«
- »Was stimmt in meinem Leben, was gefällt mir?«
- »Lebe ich so, wie ich leben möchte oder muss ich etwas verändern – beruflich, in meiner Beziehung, in meiner Haltung?«
- »Ich fühle mich häufig leer, auch einsam.«

Wenn man sich um die Auseinandersetzung mit solchen Themen drückt, tut man das nicht immer aus Angst und Unsicherheit. Es kann auch heißen, dass man sich selbst nicht die Bedeutung zumisst, die man verdient, oder sich zu sehr von anderen Themen und Menschen vereinnahmen lässt und sich zu wenig um sich kümmert. Das hat auch damit zu tun, dass wir immer funktionieren müssen und darüber vergessen, was eigentlich mit uns los ist, was wirklich zählt. Es ist aber auch nicht immer so einfach, sich mit seinen dunkleren oder unbekannten Seiten zu konfrontieren. Wenn man etwas nur ahnt oder spürt, kann man einfacher darüber hinwegsehen, als wenn man es unmittelbar vor sich sieht. Was man klar erfasst, gewinnt an Prägnanz und Verbindlichkeit, die sich nicht so einfach aushalten oder wieder wegschieben lassen.

Viele von uns kennen andere Menschen bedeutend besser als sich selbst. Aber sich in den verschiedensten Alltagssituationen nahe zu sein, heißt nicht, sich wirklich zu kennen. Anderen Menschen stellen wir häufiger viele Fragen, wir wollen mehr von ihnen wissen. Wahrscheinlich ist das Fragen, wenn es um die anderen geht, weniger gefährlich. Bei sich hinzuschauen und sich dann noch selbst Fragen dazu zu stellen, mögen wir nicht und wollen wir nicht. Häufig sind wir froh, wenn wir von unseren Alltagssorgen gefordert und abgelenkt werden. Dann merken wir aber auch nicht, dass wir uns, wenn wir mehr von uns wissen, nicht unbedingt schlechter fühlen müssen – ganz im Gegenteil.

Im Gespräch mit und über mich kann mir zum Beispiel bewusst werden, dass ich dazu neige, mich spontan immer nur negativ zu sehen. Im Inneren Dialog wird es möglich, ganz bewusst zu einer positiven Einstellung sich selbst gegenüber zu gelangen. Ich kann mir zum Beispiel gezielt vornehmen, negative Einstellungsmuster zu verändern. Es ergibt Sinn, Haltungen, die mir nicht guttun, die sich aber eingeschliffen haben, bewusst zu verändern. Mir gegenüber eine andere als die gewohnte Haltung einzunehmen, ist ein Lernprozess, der sich grundlegend auf meine Empfindungen und mein Leben auswirkt.

Wenn man sich selbst zum Thema macht, geht es nur um einen selbst und nicht darum, dass andere mit einem zufrieden sind. Man tut es für sich, doch von einer positiven und wohlwollenden Einstellung und Ausstrahlung sich selbst gegenüber profitieren auch die anderen. Im Inneren Dialog kann ich erfahren, dass ich stärker bin, als ich dachte, und vielleicht gar nicht so schlecht, wie immer befürchtet. Positiver und wohlwollender über sich selbst zu denken, hat nichts mit Beschönigen und Schönfärberei zu tun, sondern ist ein Weg, um davon wegzukommen, sich grundsätzlich immer nur negativ zu bewerten, was in der Folge eine lieblose und einseitige Einstellung sich selbst gegenüber etabliert und verstärkt. Mit sich in Unfrieden zu leben, vermittelt kein gutes Lebensgefühl. Nie das leben zu können, was man als Möglichkeit in sich spürt, macht traurig und bringt Schwere in den Alltag.

Wirksam und hilfreich ist der Innere Dialog also auch, wenn es darum geht, einen ehrlichen, wohlwollenden und verständnisvollen Umgang mit sich selbst zu finden. Viele Menschen realisieren nicht einmal, wie lieblos sie mit sich umgehen. Häufig wird ihnen erst im Nachhinein bewusst, dass sie sich zusätzlich das Leben erschweren, wenn sie so respektlos und streng zu sich sind. Der Innere Dialog ist eine gute und einfache Methode, um den verständnisvollen Umgang mit sich selbst anzugehen. Es braucht aber dabei das bewusste Üben einer neuen Haltung, weil die alte so eingeschliffen und so selbstverständlich geworden ist.

Ich möchte an dieser Stelle noch einmal einen Auszug aus einem Inneren Dialog wiedergeben, den ich mit mir selbst nach meiner Krebsdiagnose geführt habe. Er mag als Beispiel für das oben Gesagte dienen.

Ich habe jetzt ein paar Tage keinen Dialog mit mir geführt. Ich hatte kein Bedürfnis danach. Im Gegenteil. Das heißt nicht, dass es mir nicht gut ging. Ich hatte keine Angst, das Thema Krebs beschäftigte mich nicht, und wenn ich einmal daran dachte, rührte sich nichts in mir. Das war nicht unangenehm. Ich fühlte mich nicht schlecht, aber auch nicht so richtig gut.

Eine Stimmung, die dir bekannt war?

Ja und nein. Das Thema Krebs war weit weg, als würde es mich nicht betreffen. Dass ich plötzlich, was ich schon länger nicht mehr erlebt habe, weinen musste, das hat mich beschäftigt. Und mit dem Weinen kam wieder die mir so bekannte Schwere. Nach zehn, fünfzehn Minuten war alles vorbei. Ganz speziell. Ich denke, es hat etwas mit einer Art Gespaltenheit zu tun. Einerseits kein Gedanke an den Krebs und andererseits emotional tief betroffen.

Jetzt komme ich nicht mehr mit. Was soll das? Es zeigt doch, dass du das Thema nicht erträgst und nach wie vor mitten im Schmerz drin bist.

Kann sein. Ich versuche ja nur, das Spezielle dieser Tage in Worte zu fassen, mehr nicht. Wahrscheinlich ist es ganz anders, als ich gesagt habe. Das Weinen hat mich nicht erleichtert. Es war begleitet von einer Schwere. So, das ist es. Ich mag nicht mehr darüber sprechen.

Das ist schon komisch, erst sprichst du länger nicht mehr mit dir, und wenn du einmal zu sprechen beginnst, hörst du gleich wieder auf.

Ja, es ist so. Scheinbar geht es mir gut und doch nicht gut. So ist es. Ich bin mir im Moment auch fremd oder auf eine Art gefangen. Und das hat mit dem Krebs zu tun. Ich spür das nicht, aber ich weiß es. Ich mag auch mit A. nicht darüber sprechen. Ich wüsste nicht, was ich ihr sagen könnte. Eigentlich möchte ich gar nichts sagen. Ich mag auch mit anderen Leuten nicht über meinen Zustand sprechen. Ich gehe diesen Gesprächen aus dem Weg. Zum Beispiel, wenn ich gefragt werde, wie es mir geht.

Dann sagst du: »Gut, den Umständen entsprechend.« Nicht schlecht. Niemand traut sich dann, weiter zu fragen. Raffiniert. Nur zeigt es, dass du selbst noch keinen Umgang gefunden hast mit dem Krebs.

Ja, ich will nicht daran denken, ich will nicht an mögliche Krankheitsverläufe denken. Ja, ich habe Krebs, aber ich fühle mich nicht krank. Was gibt es da zu sagen? Dass ich mich nicht damit auseinandersetzen will, stimmt. Ich weiß auch nicht, was es da auseinanderzusetzen gibt. Ich habe sowieso keinen Einfluss darauf. Was mich schon beschäftigt – und das muss ich immer wieder auf die Seite schieben. Es dauert so lange, bis es vorwärtsgeht, und das weitere Vorgehen ist noch offen.

Gut, du weißt jetzt, Anfang Januar wird es noch einmal eine Biopsie geben und eine Woche später das Gespräch mit dem Arzt. Was du nicht weißt, welche Art der Operation und ob die HIFU-Methode möglich ist. Das wird sich erst nach der nächsten Biopsie entscheiden.

Und das ist der Punkt. Ich weiß, dass es noch nicht klar ist, ob bei mir diese Methode überhaupt möglich ist. Und ich weiß andererseits schon, dass es ansonsten bedeuten könnte, Operation und alles raus. Daran zu denken, ist der blanke Horror für mich. Und das vermeide ich, indem ich die Augen davor verschließe und nicht darüber spreche.

Aber das ist doch dein Recht, dich so zu verhalten. Es sagt doch niemand, dass du immer daran denken und immer alles so sezieren musst. Und dass du Angst hast und auch deshalb nicht darüber sprechen willst, ist doch okay. Höre auf dich.[4]

Wut und Enttäuschung

Im Rahmen eines Inneren Dialogs mit der eben erwähnten Thematik ist die Rolle des Alter Ego entscheidend. Es ermöglicht mir hier, wirklich Klartext zu reden. Ich soll und darf so sprechen, wie es für mich in diesem Moment richtig und nötig ist. Das Alter Ego soll mich dabei unterstützen. Es hat dafür zu sorgen, dass ich diesen Raum bekomme und die nötige Unterstützung. Dabei moralisiert, bremst und korrigiert es nicht, sondern schaut, dass ich mir näherkomme. Es geht um das Sprechen und nicht um das Ausagieren.

Ich muss in einem solchen Gespräch nicht in kurzer Zeit Wege finden, wie es weitergehen kann. Vielmehr geht es um den Moment, um den Frust, die Wut, die Enttäuschung und Verbitterung, die ich spüre. Ein solches Gespräch ist der erste Schritt hin zur Verarbeitung. Nicht alle Menschen benötigen ihn dazu. Für viele genügen Wutausbrüche, Flüche oder Tränen, dann geht es weiter. Andere müssen in dieser Phase länger verharren, herauslassen, was heraus muss, damit sie wieder in ihren Alltag, in ihre Lebensstruktur zurückfinden können.

Das Alter Ego ist wichtig für diese Art von Innerem Dialog, weil man immer wieder dessen Bestätigung braucht: »Du darfst das, dir tut es gut, du tust niemandem weh. Du machst nichts Verbotenes. Befreie dich von all den schlechten Gefühlen. Du musst kein schlechtes Gewissen haben. Du brauchst keine Angst zu haben. Ich bin bei dir. Du schaffst nur weg, was dir sonst im Weg steht. Schrei es heraus, um dich von deinem Schmerz zu erlösen.«

Ein solcher Diskurs ist das Gegenteil eines Gesprächs, in dem man den anderen abwertet oder ihm etwas vorschreibt. Vielmehr geht es darum, sich Luft zu verschaffen, den Kloß im Hals loszuwerden, Ballast abzuwerfen und sich von all den schwierigen Gedanken und Gefühlen zu befreien. Das Alter Ego geht im Gespräch mit, unterstützt und hilft bei der Formulierung des Schmerzes, der Wut und anderer schwieriger Gefühle. Viele müssen auch einmal Dampf ablassen, um sich innerlich von den negativen Gefühlen und Gedanken lösen zu können. Sie explodieren, um sich danach befreit zu fühlen, um das Ganze wieder sachlich angehen und einordnen zu können.

Häufig kommt im Lauf eines solchen Gespräches die Angst auf, die Kontrolle zu verlieren und sich nicht wieder einkriegen zu können. Der Innere Raum, in dem ich mich zusammen mit meinem Alter Ego befinde, gibt mir in solchen Situationen Sicherheit. Nur hier ist ein solches Gespräch möglich: nichts dringt von draußen herein, es dringt aber auch nichts von drinnen nach draußen. Ein Raum, in dem andere nicht intervenieren können und in dem ich mir erlauben darf, mich gehen zu lassen, ohne irgendwelche Konsequenzen befürchten zu müssen. Bei dieser Art von Gespräch geht es um eine Katharsis, darum, wieder offen und frei zu werden, vorwärts schauen zu können, ohne Schuldgefühle im Gepäck zu haben. Ziel ist, sich auch in solchen Ausnahmesituationen annehmen zu können und nicht im Negativen zu verharren.

Das Alter Ego begleitet und unterstützt mich dabei, im Inneren Dialog meinen Emotionen freien Lauf zu lassen. Wo sonst kann ich meine Gefühle in dieser Art zulassen und voll ausleben, wo sonst kann ich sogar unanständig, primitiv, grobschlächtig oder brutal sein, ohne danach unter Schuldgefühlen zu leiden? Hier braucht es keine Kosmetik, kein Abschwächen und kein Beschönigen. So, wie ich mich erlebe, kann und darf ich mich auch ausdrücken. Hier kann ich zeigen, was wirklich in mir vorgeht, ohne mich schämen, entschuldigen und verharmlosen zu müssen. Ich werde ermutigt, mich ehrlich, offen, direkt und ungeschminkt zu äußern, ohne dass ich das Gesicht und die Achtung der anderen verliere. Hier darf ich sogar impulsiv und unkontrolliert sein und muss trotzdem nicht befürchten, bestraft oder ausgegrenzt zu werden. Ich schade schließlich niemandem in solchen Gesprächen und verletze auch niemanden. Ich verschaffe mir Luft an einem Ort, an dem niemand zuhört, sich niemand betroffen fühlen muss. Das Alter Ego begleitet mich dabei und passt auf mich auf. Es fängt mich auf, wenn ich mit meinen Emotionen an Grenzen stoße und alles eskaliert.

Eine Szene oder ein Gespräch nachspielen

Ich kann den Inneren Dialog allerdings nicht nur in Situationen nutzen, in denen ich mich mit aktuellen Gefühlen und Lebenslagen auseinandersetze. Er kann auch helfen, mich mit Erlebtem, Vergangenem auseinanderzusetzen und meinen Frieden damit zu schließen. Oder mich auf die Zukunft vorzubereiten, indem ich schaue, wie Dinge in der Vergangenheit gelaufen sind, um daraus zu lernen. Zum Beispiel, indem ich vergangene Gespräche nachspiele. Auch diese Methode ist eine Möglichkeit, uns besser kennenzulernen. Wir erfahren, was im Gespräch mit uns passiert ist, was das Gegenüber bei uns ausgelöst hat und womit wir in einem weiteren Gespräch rechnen müssen. Wir merken uns kritische Stellen, entscheidende Weichenstellungen, die wir als solche gar nicht wahrgenommen oder falsch gedeutet haben. Im Nachspielen probieren wir aus, uns bewusst anders zu verhalten, anders und schneller zu reagieren, klarer zu erfassen, worum es eigentlich geht. So kann es uns gelingen, das nächste Gespräch mit einer anderen Haltung anzugehen. Zudem bekommen wir Antworten auf die Fragen: »An welcher Stelle habe ich mich überschätzt und überfordert? Was hat mich irritiert, provoziert oder verunsichert?« Und nicht zuletzt: »Kann ich das Gespräch auf sich beruhen lassen oder möchte ich es wieder aufnehmen?« Das Nachspielen des Gesprächs im Inneren Dialog bietet eine Fülle von Einsichten und Erkenntnissen, denn es sensibilisiert und zeigt auf, wo die eigenen blinden Flecken zu finden sind, wo man sich verliert, nicht klar ist oder unverständlich äußert. Man merkt auch, an welcher Stelle man nicht genau hingehört oder nicht verstanden hat, was der andere einem sagen wollte. Man lernt also daraus, worauf man beim nächsten Gespräch besser achten muss, und kann diesem daher ruhiger, gefasster und zuversichtlicher entgegensehen.

Sich in den verschiedensten Situationen zu erfahren, alternative Verhaltensweisen auszuprobieren, macht freier. Sich besser zu kennen ermuntert, mehr zu wagen, offensiver und souveräner zu werden und weniger in einer Haltung aus Vorsicht, Abwehr und Angst zu verharren. Wer sicherer und freier ist, kann auch offener sein für sein Gegenüber, kann besser zuhören und damit Zwischentöne aufnehmen, die er sonst nicht mitbekommen würde. Weil man auf diese Weise Verhaltensweisen oder Strategien ohne Angst und ohne Druck, ohne erfolgreich sein zu müssen, ausprobieren kann, kann man mit anderen Augen auf die Fehler sehen, die man gemacht hat: Sie werden zu Weichenstellungen für neue Verhaltensweisen und damit zu neuen Chancen. Nicht mehr darauf bedacht zu sein, bloß nichts Falsches zu sagen, hilft, das eigene verborgene Leistungsvermögen besser zur Entfaltung zu bringen. Man spürt, dass man Altes verändern und Neues schaffen kann, dass man lebendig bleibt und in der Lage ist, sich weiterzuentwickeln und zu lernen. Das stärkt das Selbstbewusstsein und verbessert das Selbstwertgefühl. Wer gefestigter in sich ist, kann sich Menschen gegenüber besser öffnen, Begegnungen werden persönlicher und damit auch befriedigender.

Der Innere Dialog als Vorbereitung auf ein reales Gespräch

Wenn jemand sich beispielsweise vornimmt, mit einem Arbeitskollegen zu sprechen, um ihm zu sagen, wie unkollegial er ist oder wie unfair er sich gegenüber Auszubildenden verhält, dann ist der Innere Dialog ein gutes Mittel, um sich darauf vorzubereiten. Einen anderen zu kritisieren oder ihm etwas Unangenehmes zu sagen, ist nie einfach, schon weil man nicht weiß, wie er das Gespräch aufnimmt, ob anschließend die Beziehung belastet ist oder ein Konflikt entsteht und eskaliert. Ein solches Gespräch gestaltet sich auch deshalb schwierig, weil man meist unsicher ist, wie man es anpacken soll. Man will nicht, dass es aus dem Ruder läuft, ist unsicher, wie viel man sagen kann, wie offen und direkt man sein darf. Zudem ist man unsicher, weil man nicht weiß, wie man selbst reagieren soll, wenn der andere wütend wird oder beleidigend. Das alles sind Gründe, weshalb man solche Gespräche am liebsten meidet.

Der Innere Dialog hilft an dieser Stelle weiter, weil man darin Verschiedenes ausprobieren kann, zum Beispiel, wie man etwas formulieren kann oder wie man in den verschiedenen Phasen des Gesprächs am besten reagiert. Im Inneren Dialog wird es möglich, verschiedene Versionen dieser Begegnung durchzuspielen, beispielsweise einmal aggressiv-anklagend oder um Einigung bemüht. Man kann sich auf die Reaktionen des anderen vorbereiten, versuchen, seine Meinung zu sagen, ohne ihn zu kränken, ihm Schuldgefühle einzureden oder ihn herabzuwürdigen. Man kann aber ebenso im Inneren Dialog lernen, sich gegen Angriffe zu verteidigen. Im Variieren verschiedener Haltungen und Gesprächsinhalte erfahre ich, was für mich stimmig ist und was zu mir passt. Mir darüber klar zu werden, wie ich auf Einwände oder Reaktionen antworten kann oder wie ich mich verhalten will, wenn das Gespräch zu eskalieren droht, gibt mir Sicherheit. Ich fühle mich dem anderen und dem Gespräch weniger ausgeliefert und habe weniger Angst, in die Defensive gedrängt zu werden und nicht mehr weiterzuwissen.

Dabei kann es hilfreich sein, sich so konkret wie möglich auf das Gespräch vorzubereiten, indem ich mich frage: »Was sage ich, wenn …? Was mache ich, wenn ich nicht mehr weiterweiß, wenn ich mich klein und unterlegen fühle oder mir das Gespräch aus den Händen gleitet? Was mache ich, wenn ich wütend werde und selbst die Kontrolle zu verlieren drohe?«

Wenn ich weiß, wie ich in schwierigen Momenten reagieren kann, wenn mir klar ist, was ich sagen will und was nicht, dann fühle ich mich gut gewappnet und vorbereitet. Ich kann im Gespräch ruhig bleiben, bin weniger meinen unmittelbaren Gefühlen ausgeliefert, kann mehr auf andere eingehen, klarer erfassen, was ihr jeweiliges Anliegen ist.

Wenn zudem der andere sich im Gespräch sicher fühlen kann, fühlt er sich ebenfalls weniger unter Druck und muss nicht ständig auf der Hut sein und sich schützen, was sich auf den Gesprächsverlauf insgesamt positiv auswirkt.

Wir haben also verschiedene Möglichkeiten, wie wir das Gespräch angehen und durchführen können. Wir können es vorbereitend mit dem Alter Ego führen und schnell in das einsteigen, was uns gerade in den Sinn kommt. Oder wir wählen als Gesprächspartner die Person, die uns im realen Gespräch gegenübersitzen wird, und gestehen uns durchaus unsere Befürchtungen ein: Was, wenn der andere jetzt hämisch lacht und mich nicht ernst nimmt? Was mache ich, wenn ich im Gespräch plötzlich den Faden verliere?

Der Innere Dialog ist die ideale Vorbereitung auf reale Gespräche oder auf Situationen, von denen viel für mich abhängt. Dabei kann es um spezielle Themen oder einzelne Aspekte gehen, die ich ansprechen und zuvor einüben will, weil sie mir besonders schwierig scheinen, Angst auslösen oder ich mich in Bezug darauf besonders schwach und verletzlich fühle. Mithilfe des Inneren Dialogs lassen sich Schwierigkeiten voraussehen und entsprechende Verhaltensalternativen und Strategien entwickeln. Ich kann hier Sicherheit erlangen, weil ich weiß, wo ich nachgeben will und wo nicht oder wie weit ich dem anderen bei einem Kompromiss entgegenkommen will. Ich kann zudem erkennen, an welcher Stelle ich auf mich aufpassen muss, wo meine Schwachstellen sind oder ich Gefahr laufe, zu heftig oder zu stur zu reagieren, und wie ich solche Verhaltensweisen vermeiden kann.

Es geht in diesen Gesprächen darum, zu lernen, Sicherheit, Vertrauen und die Bereitschaft zur Verantwortung auszustrahlen. Zudem kann ich herausbekommen, ob es das Thema oder die andere Person ist, die das Ganze so schwierig machen. Sich darüber klar zu werden, schafft Ordnung im Denken und Klarheit im Vorgehen.

Im Inneren Dialog verschiedene Aspekte oder Strategien durchspielen zu können, ermöglicht uns, in der realen Situation ruhig und zuversichtlich in ein Gespräch zu starten. Wenn man nicht unter Druck steht, erleichtert das, dem anderen offen und frei zu begegnen und nicht in der Defensive oder im Angriffsmodus zu verharren.

Im Inneren Dialog können wir zudem unsere Opferrolle ablegen: Wir erfahren, wie viele Möglichkeiten wir haben, für uns einzustehen und Verantwortung zu übernehmen. Der Innere Dialog zeigt uns auf, dass es unser Leben ist, um das sich letztlich alles dreht, und dass wir es in der Hand haben, etwas dafür zu tun, und dabei nicht auf das Wohlwollen anderer angewiesen sind.

6. Zusammenfassung: Halt finden in sich selbst mit dem Inneren Dialog

Veränderung hin zum Guten

Im Sprechen mit mir selbst kann ich die Erfahrung machen, wie spannend und hilfreich ein Dialog mit mir und über mich sein kann und wie lustvoll es ist, wenn ich Worte finde für mein Denken und Fühlen. Ich erlebe, dass es sehr befriedigend sein kann, im Sprechen auf mich zu hören, meine Innen-, Gefühls- und Gedankenwelt zu öffnen und zu ordnen. Im Gespräch direkt und unmittelbar zu erfahren, was ich will, wie ich mich fühle und wie ich weiter vorgehen will, verändert mein Bild von mir wie auch mein Auftreten und Verhalten: Es wird eindeutiger und bestimmter. In einen Inneren Dialog einzutauchen heißt, sich neu zu erfahren und zu entdecken, sich nahezukommen und vertraut zu werden mit sich, aber auch neue Wege zu gehen und bisherige zu verlassen.

Viele Menschen müssen jedoch erst lernen, mit sich zu sprechen, auf sich zu hören und auf sich einzugehen, aber auch, anderen wirklich zuzuhören und das Gesagte aufzunehmen. Der Innere Dialog ist dazu eine perfekt geeignete Methode: Hier wird nicht nur gesprochen, sondern auch zugehört und aufgenommen, was der Gesprächspartner sagt. Ein besseres Übungs- und Erfahrungsfeld gibt es kaum. Ich lerne zu sprechen, mich auszudrücken, in Worte zu fassen, was ich denke oder empfinde, und finde so zu meiner eigenen Sprache und persönlichen Sprechweise. Das ist notwendig, um eigene Gedanken und Gefühle erfassen und ausformulieren zu können. Sprache hilft dabei, zu ordnen, abzugrenzen und zu unterscheiden. Mit der Sprache wird der Mensch sicht- und hörbar. Und ohne eigene Sprache findet kein echtes Gespräch statt.

Im Inneren Dialog kann ich so sprechen, wie ich immer spreche. Er hilft mir dabei, die richtigen Worte für mich zu finden. Selbst wenn ich zunächst nicht weiß, was ich sagen werde, werde ich im Inneren Dialog spontan Gedanken äußern, die mich selbst überraschen. Man hat den Eindruck, sie gar nicht selbst gedacht zu haben, und doch sind es die eigenen. Deshalb kann und darf ich mich auf den Inneren Dialog verlassen und ihm vertrauen. Er lässt mich nicht im Stich.

Heute weiß ich aus Erfahrung: Wenn ich mich voll und ganz auf den Inneren Dialog ausrichte und mich auf das Hin und Her des Gesprächs einlasse, wie es aus meinen inneren Gedanken entsteht, bringt er mich in meinen Überlegungen deutlich weiter.

Im Inneren Dialog, aber auch im Inneren Raum bin ich ganz bei mir, nichts und niemand stört. In diesem Raum mit diesen Bedingungen muss ich mich nicht überwinden, etwas anzusprechen, denn das ohne Zuhörer und ohne Druck und Kontrolle zu tun, macht vieles einfacher und selbstverständlicher. Zudem kann ich so sprechen, wie es mir gerade in den Sinn kommt, in meiner Sprache und mit meinen eigenen Worten.

Im Inneren Dialog kann ich Fehler machen, so viel ich will. Niemand stößt sich daran und niemand ist da, der den Kopf schüttelt. Einen idealeren Platz für den Umgang mit sich gibt es nicht. So bekommt man schrittweise Freude am Gespräch mit sich selbst.

Beides – sich ausdrücken zu können, wie es mir gerade in

den Sinn kommt, und keine Angst vor Fehlern zu haben – sind wichtige und notwendige Teile des Gesprächs und bedingen sich gegenseitig. So ist der Innere Dialog nicht nur ideal, um sich selbst besser kennenzulernen, sondern im gleichen Maß hilfreich, um sich zuzuhören und auf das Gehörte zu reagieren. Wer sich aber wirklich kennenlernen will, muss sprechen und zuhören. Ohne auf den Gesprächspartner zu hören, auf ihn einzugehen und das Gesagte aufzunehmen, gibt es keinen Dialog, er verkommt zum Monolog. Nur wer spricht und dem anderen auch zuhört, kann sich selbst dabei erkennen und Halt in sich finden, zu einem neuen Verständnis von sich und für sich selbst kommen.

Deshalb ist der Innere Dialog der Weg,

- Selbsterkenntnis, Selbstsicherheit und Selbstvertrauen zu finden;
- sich wohlzufühlen in seiner Haut und in seinem Leben;
- auf sich bauen zu können, weil man weiß, auf wen man sich einlässt und mit wem man es zu tun hat;
- sich wichtig und ernst zu nehmen und sich einzubeziehen in seine Entscheidungen;
- um zu einem stimmigen und selbstbestimmten Leben mit weniger Angst und Schuldgefühlen zu finden;
- einen positiven Bezug zu sich zu bekommen;
- nicht nur Einstellungen, sondern auch Verhaltensweisen zu verändern.

Wenn ich im Inneren Dialog mit mir und meinem Alter Ego zusammenkomme, leitet mich so etwas wie ein innerer Kompass, der mir eine Richtung gibt. Oft sind es überraschende Gedanken, die dann wie selbstverständlich den weiteren Gesprächsverlauf bestimmen. Es ist diese tiefe Beziehung von

Mensch, Innerem Raum und Innerem Dialog, die den Boden für solche überraschenden Gedankengänge bereitet. Es ist dieses innige Zusammenspiel, das eine eigene Dynamik entwickelt und damit Neues hervorbringt.

Dazu hier noch einige Beispiele aus meiner eigenen Erfahrung. Sie stammen nicht aus einem einzelnen Inneren Dialog, den ich mit mir selbst geführt habe. Ich habe die letzten Jahre immer wieder verschiedene solche Gespräche mit mir geführt und mir spontane Bemerkungen und Einsichten notiert.

Das »Du« oder das »andere Ich« haben mir sehr geholfen, das Gespräch im Fluss zu halten. Das »andere Ich« war sehr hilfreich und beruhigend. Es war für mich da, es hat mich geführt und mich nicht alleingelassen. Es war auf meiner Seite, schaute zu mir und half mir. Ich habe als »Ich« gesprochen und gleichzeitig war ich auch das Alter Ego, das zu mir gesprochen hat und das eigene Gedanken und Überlegungen geäußert hat. Das Alter Ego hat mich gut gekannt und ist mir mit sehr viel Sympathie und Achtung begegnet. Es war keine Rolle, die ich gespielt habe. Ich habe nie überlegt oder überlegen müssen, was ich jetzt als Alter Ego zu mir sage. Es floss und es sprach spontan und eigenständig aus mir heraus.

Der Innere Dialog befreit und beruhigt und führt erstaunlicherweise immer wieder zu neuen Erkenntnissen. Wie oft habe ich durch ihn schon Impulse bekommen, was ich im Moment tun oder welche Richtung ich einschlagen soll. Ich staune immer wieder, wie sich plötzlich eine neue Sichtweise auftut. Dieser Moment ist jedes Mal verbunden mit Erleichterung und dem spontanen Wunsch, das neu Erkannte sofort umzusetzen.

Dass sich neue Einsichten und Ideen so schnell und unvermittelt einstellen, hätte ich nie gedacht. Es geht nicht um krampfhaftes Bemühen, sondern immer um ein spontanes Aussprechen dessen, was sich im Kopf gerade meldet. Unvermittelt kommen die Gedanken, die schon beim Aussprechen guttun und erleichtern. Es kommt alles so spontan, als hätte sich etwas angesammelt und nur darauf gewartet, ausgesprochen zu werden, und das auch bei schwierigen und belastenden Themen.

Im Gespräch mit sich selbst entsteht Neues, klären sich Situationen, zeigen und öffnen sich Wege, wie man anders oder weiter oder neu denken kann. Es braucht kein Überlegen und Lernen einer Rolle. Man kann jedes Mal einsteigen und »es« beginnt zu sprechen. Man realisiert, dass man auf dem richtigen Gleis fährt.

Das Gefühl, keine Erwartung erfüllen zu müssen, ist schon während des ganzen Gesprächs präsent und bewirkt, dass ich befreit und »locker« drauflosreden kann. Und genau aus dieser Lockerheit entstehen Gedanken und Sätze, die mich immer wieder erstaunen. »Was, das habe ich gesagt? Wie bin ich nur zu diesem Gedanken und zu dieser Formulierung gekommen?« Die Freiheit und Ungebundenheit machen es möglich, dass Gedanken, die offensichtlich bislang unter Verschluss waren, ans Tageslicht oder ins Bewusstsein kommen können. Zu erfahren, zu welchen Gedankengängen ich fähig bin, was alles an Ideen in mir steckt, erstaunt mich immer wieder und erfüllt mich auch mit Stolz.

Ich hätte nie gedacht, dass ein solcher Innerer Dialog mich animiert, mit mir weiter im Gespräch zu bleiben. Ich hätte eigentlich eher erwartet, dass mir nach einer bestimmten Zeit die Luft ausgeht und das Interesse schwindet. Das genaue Gegenteil ist eingetreten. Ich spreche richtig gern mit mir und freue mich immer wieder auf das nächste Gespräch.

Eines weiß ich ganz genau: dass ich immer wieder – wann auch immer – das Bedürfnis verspüren werde, mich zurückzuziehen in den Inneren Raum und das innere Gespräch suchen werde. Es gibt mir zu viel, als dass ich es einfach so damit bewenden lasse. Es hat mir Sicherheit gegeben und eine Vertrautheit und Nähe, wie ich sie noch nie erlebt habe. Ich habe zu viel bekommen, als dass ich darauf verzichten möchte.

Innerer Dialog: effektiv und lösungsorientiert

Einer der größten Vorteile des Inneren Dialogs: Er gibt mir ein Instrument an die Hand, das mir Hilfe garantiert und nicht noch mehr Probleme schafft.

Der Innere Dialog ist also effektiv und lösungsorientiert,

- weil ich mit mir sprechen kann, ohne es vorher lernen zu müssen;
- weil ich mit mir allein bin und kein anderer sich einmischt;
- weil mir das Sprechen mit mir guttut, mich motiviert und beflügelt;
- weil ich zu Einsichten gelange und Erfolgserlebnisse habe, was mich zusätzlich ermuntert, ihn fortzusetzen;
- weil es keinen vorbestimmten Weg gibt, den man gehen, und keine bestimmte Methode, die man anwenden muss;
- weil hier eine innere Logik und Sensibilität wirksam sind, die wie ein innerer Kompass das Gespräch leiten und mich voranschreiten lassen;
- weil eine tiefe Verbindung von mir selbst, Innerem Raum und Innerem Dialog unerwartete und kreative Lösungen hervorbringt;
- weil ich hier nichts falsch machen kann.

Im Inneren Dialog kann ich so oft mit mir sprechen, wie ich will:

- Je häufiger ich mich mit einem Thema befasse, desto leichter fällt mir das Sprechen, umso mehr Ideen kommen mir und umso mehr Türen öffnen sich.
- Je weniger ich mich unter Druck setze, desto mehr können die Gedanken fließen und umso kreativer werde ich. Je weniger ich um jeden Preis eine Lösung will, umso befreiter und initiativer trete ich auf.
- Je freier ich mit mir umgehe, je wohlwollender ich mir gegenüber bin und je weniger ich kritisiere und moralisiere, desto mehr finde ich für mich passende Worte und Formulierungen.
- Je mehr ich mir für mich Zeit nehme, desto weniger kritisch, destruktiv und abwertend urteile ich über das, was ich denke und will, und umso überzeugter werde ich von meiner eigenen Wortwahl.
- Je offener und ehrlicher ich mit mir umgehe, umso spontaner und freier werde ich.

Wer sich auf den Inneren Dialog einlässt, macht sehr schnell die Erfahrung, dass er im Gespräch mit sich Lösungen für unterschiedlichste Probleme findet. Diese Erfahrung lässt uns sicherer und gelassener werden. Wenn man es sich zutraut, mit Schwierigkeiten fertigzuwerden, führt das zu mehr Eigenständigkeit. Zudem ist man so weniger angewiesen auf die Hilfe und Unterstützung anderer Menschen. Zu wissen, ein Werkzeug oder eine Hilfe an der Hand zu haben, macht es möglich, spontaner, sicherer und überzeugter an ein Problem heranzugehen. Wer sich mehr zutraut, fühlt sich nicht so schnell überfordert und schiebt Probleme weniger vor sich her und trägt auch nicht ständig einen Rucksack unerledigter Aufgaben mit sich herum, sondern setzt sich schneller mit ihnen auseinander und geht daran, sie zu erledigen. Das befreit und erleichtert.

Ich habe bei meinen Klienten immer wieder erlebt, dass das Reden mit sich selbst im Inneren Dialog sie sicherer und von sich überzeugter hat werden lassen und dass dadurch ihr Selbstvertrauen gewachsen ist. Denn je besser ein Mensch sich kennt, umso weniger Angst hat er und umso selbstsicherer und selbstbewusster kann er sich in der Welt bewegen.

Ich bin davon überzeugt, dass Veränderungen, Wachstum und selbstbestimmtes Denken und Handeln viel mit Sicherheit und Vertrauen zu tun haben. Es wurde auch immer wieder deutlich, dass der Innere Dialog Menschen Erfolgserlebnisse beschert hat, die ihnen wiederum ein Mehr an Vertrauen und Zufriedenheit bringen. Solche Erfahrungen können wie Dominosteine sein: Sie bringen eine Entwicklung in Gang, die das Leben nachhaltig verändert.

Zudem kann man im Inneren Dialog frei, kreativ und mutig sein. Wir haben nichts zu befürchten und nichts zu verlieren. Es geht nicht um alles oder nichts, auch nicht darum, bei jemandem anzukommen, ihm gegenüber zu bestehen oder durchzufallen. Das Gespräch mit sich in dieser Freiheit führen zu können und wie originell und treffend man sich dabei artikulieren kann, überrascht immer wieder. Man lernt sich neu kennen und hat allen Grund, sich zu bewundern und stolz auf sich zu sein. Manchmal ist es vielleicht wichtig, an Formulierungen zu feilen, dann wiederum lässt man alles so stehen, wie es gerade kommt. Diese Eigenständigkeit macht Lust auf mehr. Was nicht bedeutet, dass man jedes Gespräch zu Ende führen muss, wenn es nicht in Gang kommt. Mit sich sprechen zu müssen, unterdrückt jegliche Spontaneität, jede Freiheit und Offenheit des Denkens. Deshalb ist der Wegfall von innerlichem und äußerem Druck so wichtig. Das wirkt befreiend und entlastend und gleichzeitig motivierend.

Befriedigend und besonders ist der Innere Dialog auch deshalb, weil man selbst merkt, dass das Besprochene weiterhilft, dass es etwas verändert im eigenen Leben, also mehr ist als eine Trockenübung und ganz wesentlich zur Verbesserung der Lebensqualität beiträgt. Was auch zählen mag: Aufwand und Ertrag stimmen überein, wenn man keine externe Hilfe benötigt, man Geld spart und sich vor anderen keine Blöße geben muss.

Hilfe zur Selbsterkenntnis

Wenn man sich im Inneren Dialog mit Fragen und Antworten zur eigenen Person und zum eigenen Leben auseinandersetzt, geht es immer auch darum, sich neu oder besser kennenzulernen. Es ist, als würde man ein unbekanntes Land besuchen, das man nun Schritt für Schritt erkundet. Einiges von dem, was man sieht, kennt man bereits, aber vieles ist auch neu. Zudem ist es meist ein überraschendes Kennenlernen oder Neuentdecken. Auf diesem Weg erfährt man unerwartet viel Unbekanntes, Erfreuliches, aber manchmal auch Trauriges über sich. Einiges hat man vielleicht schon einmal gespürt oder erahnt, aber bisher nicht so klar zur Kenntnis genommen. Manchmal sind es ganz neue Seiten oder Facetten, die man an sich entdeckt, sehr zur eigenen Freude, aber auch zum eigenen Leidwesen. Der Innere Dialog verändert die Sicht auf sich selbst und sein Leben und verändert auch das Leben selbst.

Sich besser, deutlicher und klarer zu erkennen, bedeutet

auch, sich selbst näherzukommen. Zum Beispiel mit den Fragen: »Wie fühlt es sich für mich an? Was löst es gefühlsmäßig bei mir aus? Macht es freudig, zuversichtlich, stark, sicher und ruhig? Fühlt es sich gut an? Oder passt es irgendwie nicht? Was mache ich jetzt mit diesen Einsichten?« Wenn es darum geht zu erfassen, ob etwas, das ich an mir entdecke oder neu erfahren habe, für mich stimmt, täusche ich mich selten. Weshalb etwas stimmt oder nicht stimmt, kann ich mir vielleicht nicht erklären, aber es fühlt sich dennoch klar und eindeutig als richtig oder als nicht ganz richtig oder als falsch an.

Wenn man ganz unmittelbar mehr über sich erfährt, wenn man erkennt, auf was man wie reagiert, wird man vertrauter mit sich und erkennt Zusammenhänge, die bis dahin verborgen waren. Das Bild von sich selbst wird umfassender, man fühlt sich sicherer und gelassener. Zweifel, Unklarheiten und Widersprüchliches werden kleiner, man ist souveräner im Auftreten. Uneindeutige und unklare emotionale Reaktionen gewinnen an Form, Farbe und Konturen und man kann sie als zu sich gehörend begreifen. Man wird vertrauter mit sich selbst und damit auch vertrauenswürdiger für andere.

Je besser man sich kennt, umso fassbarer wird man für sich selbst wie für andere, umso wohler fühlt man sich in seiner Haut und umso zufriedener macht es einen selbst. Und man darf auch stolz auf sich sein, wenn man sich so offen mit sich auseinandersetzt und so erfolgreich dabei ist.

Die Erfahrung, mit sich besser umgehen zu können, sich vertrauter und näher zu sein, gibt einem ein ganz neues Lebensgefühl – und es braucht keine Jahre, um dieses Ziel zu erreichen. Im Inneren Dialog kann man Erfahrungen machen, die einem neue Möglichkeiten des Entscheidens und

Handelns aufzeigen. All das im Alltag umsetzen, verändert das Bild, das man von sich hat. Der Innere Dialog wirkt über das Gespräch hinaus bis tief ins Leben hinein.

Ein Mehr an Lebensqualität

Das Nutzen des Inneren Dialogs ist aber keine Bedingung für ein gutes Leben. Viele Menschen kennen ihn nicht einmal oder wissen um ihn, ohne aber auf ihn zu setzen. Leben sie deswegen schlechter? Sind sie unzufriedener als andere Menschen? Es wäre falsch, so etwas zu behaupten.

Und doch kann sich aus dem Inneren Dialog ein Mehr an Lebensqualität, an Bewusstheit und Differenziertheit ergeben. Es ist wie mit dem Lesen: Sind Menschen, die ab und zu ein Buch lesen, mit sich zufriedener als andere? Wohl kaum. Und doch kann das Lesen Welten öffnen, uns in unserem Denken und Empfinden bereichern und eine Dimension ins Leben bringen, die uns wichtig ist. Das Lesen und im Übrigen auch das Musikerlebnis lassen Seiten in uns anklingen, die wir als wertvoll und bereichernd erfahren. Ähnlich verhält es sich mit dem Inneren Dialog. Er schenkt uns eine Vielfalt an Erfahrungen, bereichert uns und verschafft uns darüber hinaus Sicherheit und Vertrauen in unserem Handeln.

Das eigene Verhalten hinterfragen und durchleuchten zu können, die eigenen Anteile an Handlungen klarer zu sehen und in Richtung von mehr Selbstbestimmung und Selbstverantwortung entwickeln oder verbessern zu können, erlaubt uns größere Handlungsfreiheit. Damit verbunden ist eine größere Zuversicht und ein stärkeres Vertrauen in unser Handeln und Auftreten in dieser Welt. Zu erfahren, dass man seinen Handlungsspielraum vergrößern kann – und das ohne jede fremde Hilfe –, verhilft uns zu einer höheren Lebensqualität. Zudem können wir so bei der Verbesserung unserer eigenen Lebensstrategie mithelfen und eine Lebensform schaffen, die uns mehr Konstanz und Sicherheit vermittelt. Das gibt uns die Bestätigung, so sein zu dürfen, wie es unserem Innersten und unseren eigenen Werten entspricht. Wir fühlen uns eher im Reinen mit uns und können Störungen dieser Balance immer wieder ausgleichen. Sich besser zu kennen, besser mit sich umzugehen und so handeln zu können, wie man es sich wünscht, führt zu Vertrauen, Gelassenheit und Souveränität im Umgang mit sich selbst und anderen.

Für viele Menschen ist das die Definition von menschlichem und würdevollem Leben: nicht ausgeliefert zu sein, selbst entscheiden zu können, sein Denken und Handeln in den eigenen Händen zu haben. Zu leben und umzusetzen, was einem selbst wertvoll und sinnvoll erscheint, kann man nicht hoch genug einschätzen.

Für all diese wichtigen Haltungen und Werte, die die Grundlage für ein gutes Leben bilden, kann der Innere Dialog den Boden bereiten bzw. ein mögliches Instrument sein, um diese Entwicklungen anzustoßen. Ihn jederzeit und in allen Lebenssituationen und angesichts aller Probleme zur eigenen Verfügung zu haben, ist mehr als nur hilfreich und benutzerfreundlich. Der Innere Dialog ist demnach mehr als eine bestimmte Gesprächsform. Für viele ist er ein wichtiger Bestandteil ihres Lebens, auf den sie sich verlassen. In Anwendung dieses inneren Gesprächs schaffen sie es, in schwierigen Situationen den Überblick und die Geduld nicht zu verlieren und immer wieder einen Ausweg und eine Lösung zu finden. Sie sprechen mit sich und holen sich damit Sicherheit und Selbstbewusstsein und ein Mehr an Zuversicht und Gelassenheit zurück.

Selbst wenn ich also vom Inneren Dialog überzeugt bin, weiß ich dennoch, dass es Menschen gibt, denen dieser Weg fremd ist und die spüren, dass sie nicht oder noch nicht bereit sind für diese Art von »Selbst-Gespräch«, weil ihnen die Ruhe oder die Zeit dafür fehlen oder sie von ihren Problemen oder durch anderes zu stark absorbiert sind. Es ist jedoch auch möglich, den Versuch, den Inneren Dialog einzuüben, jederzeit abzubrechen und auf später zu verschieben oder einen ganz anderen Weg zu wählen.

Natürlich gibt es immer auch Alternativen. Innerer Dialog ist nicht der allein gültige oder erfolgversprechende Weg. Alternativen wären zum Beispiel das Gespräch mit Freunden und in der Familie, der Besuch einer Beratungsstelle, Kurse in Konfliktmanagement, Meditation oder Therapie. Wir spüren sehr schnell, welcher Weg für uns stimmig ist, welche Methode, welches Angebot am besten zu uns passt.

Der Innere Dialog, so das Plädoyer dieses Buches, ist eine hervorragende Möglichkeit, sich besser kennenzulernen, sich seiner Stärken und Schwächen bewusst zu werden, Haltungen zu korrigieren und zu Selbstsicherheit, Selbstbestimmung und somit einem Mehr an Lebensqualität zu finden. Ein »Muss«, ihn zu führen, gibt es jedoch nicht, sich dazu zu zwingen, macht den Dialog unfrei und somit wirkungslos.

Zeit für sich, Zeit für Zufriedenheit

Wenn ich den Inneren Dialog regelmäßig für mich als Methode nutze, führt das auch dazu, dass ich mir mehr Zeit für mich selbst nehme, mir gönne, mich mit mir selbst zu treffen und zu beschäftigen. Denn auch wenn der Innere Dialog nur sehr wenige Voraussetzungen braucht: Ohne den bewussten Entschluss, mir Zeit zu nehmen, um mit mir zu sprechen, wird er nicht zustande kommen. Wenn ich dann aber selbstbewusster auftreten kann, mehr Sicherheit und Selbstvertrauen ausstrahle und so auch andere von mir überzeugen kann, nicht nur mich selbst, hat sich diese Zeit, die der Innere Dialog erfordert, in jedem Fall gelohnt.

Ich werde mehr Erfolg haben, zuversichtlicher an eine Aufgabe herangehen und mir nicht ständig selbst im Wege stehen. Ich werde mich mutiger und offener Problemen stellen und nicht primär auf das Vermeiden von Fehlern bedacht sein. Weil ich mir selbst immer mehr vertrauen kann, wird jeder neue Erfolg neue Sicherheit geben, aber auch Freude schenken. Sicherheit schafft mehr Sicherheit, schafft Überzeugung und Zuversicht. Ich werde selbstbewusster und klarer in meinen Handlungen und dadurch in meinem Auftreten auch weniger rivalisierend.

Menschen, die mit sich zufrieden sind, sind weniger neidisch auf andere, verhalten sich weniger konkurrierend, können anderen Freude und Erfolg gönnen und damit versöhnter und versöhnlicher mit anderen sein. Sie müssen andere nicht kleinmachen, nicht auf sie hinabschauen oder sie bekämpfen, sind wohlwollender und großzügiger. Solche Menschen wirken gewinnend und attraktiv auf andere. Sie strahlen Würde und Unabhängigkeit aus, sind glaubwürdig, echt und vertrauenswürdig.

Ein zufriedener Mensch wird seine Grenzen eher annehmen können, Positives an sich wahrnehmen und sich nicht festbeißen an dem, was er nicht ist und nicht kann. Er bleibt bei sich, ist ruhig und im Gesamten positiver gestimmt. Zu sich stehen zu können macht ruhiger, gelassener und freier. Er muss anderen nichts mehr vorspielen, nicht so tun, als ob.

All diese positiven Eigenschaften erwirbt man jedoch nicht von heute auf morgen. Aber je mehr Zeit man mit sich und dem Inneren Dialog verbringt, desto eher stimmt die Richtung, in die man unterwegs ist. Zudem: Wenn man einzelne dieser Veränderungen an sich erfährt, bekommt man Lust, den Weg weiterzugehen, erlebt Selbstmotivation und Vertrauen in weiteres Voranschreiten. Der Innere Dialog verändert Menschen, er macht sie – und davon bin ich nach eigenen Erfahrungen überzeugt – besser, menschlicher und reifer.

Wer von sich überzeugt ist, geht ruhig, vertrauensvoll und zuversichtlich an seine Arbeit, ist angenehm und offen im Team und zufrieden mit seinem Job. Zufriedene Menschen sind entspannter, weniger unter Druck, fokussierter, mehr bei sich, weniger auf Wirkung und Zuwendung aus und damit meist erfolgreicher.

Das mag ein wenig übertrieben klingen. Tatsache aber ist, dass der Innere Dialog Menschen zufriedener macht, sie mehr zu sich hinführt und stärkt. Man macht Erfahrungen, die man bisher nicht kannte, findet Lösungen und erlebt sich als kreativ und interessiert. Allein diese Erfahrungen können eine Reihe von Veränderungen nach sich ziehen. Denn wer sich dem Inneren Dialog stellt, zeigt damit, dass er offen ist für Veränderungen und bereit, neue Wege zu gehen, Neues zu wagen. Dem Leben wieder Farbe zu geben und die Farben selbst auswählen zu können, setzt Kräfte frei. Es fühlt sich manchmal an, wie neu geboren zu werden. Ein Innerer Dialog besitzt die Kraft, etwas im Menschen anzustoßen und in Bewegung zu setzen. So hinterlässt er mehr und tiefere Spuren, als man sich zunächst vorstellen kann.

Ganz im Gespräch mit mir selbst zu sein, heißt, ganz da zu sein, den Worten und Gedanken Raum, Weite und Tiefe geben, die Worte nachklingen zu lassen und bei ihnen zu verweilen, ihnen Unabhängigkeit zu verleihen, sodass sie ihre Wirkung entfalten können. Solche in den Inneren Raum hineingetragene Gedanken sind wirkungsvoll und nachhaltig und damit weniger der Gefahr ausgesetzt, sich schnell wieder aufzulösen und vergessen zu werden. Sie haben Gewicht und lassen sich nicht so leicht aus meinem Bewusstsein entfernen. Was Gewicht hat, hinterlässt Spuren und hat damit mehr Nachhall und Einfluss. Ich selbst bin es, der meinen Inneren Dialog prägt, und der Innere Dialog prägt mich.

Wenn man ganz bei sich ist, tritt alles andere in den Hintergrund, und das Gesprochene bekommt dadurch viel mehr Kraft und Gewicht. Wenn man jemandem volle Aufmerksamkeit schenkt, wird das Gesprochene hörbarer. Was Bedeutung erhält, bleibt länger haften, klingt stärker nach, kann sich mit anderen Gedanken verbinden und sich mit ihnen emotional verflechten. Der geschützte Innere Raum spielt dabei eine wesentliche Rolle. Das Wissen darum, selbst diese Gedanken hervorgebracht zu haben, verstärkt ihre Wirkung. Ich selbst bin Schöpfer meiner selbst, andere bestimmen nicht darüber, was ich zu denken und wie ich zu handeln habe. So werde ich vom Duplikat zum Unikat.

Schlusswort

Viele meiner Klienten haben den Inneren Dialog als Begleitung und Vertiefung der Psychotherapie schätzen gelernt. Sie haben erfahren, dass sie damit ein Werkzeug in den Händen halten, das ihnen für ihre Zeit nach der Therapie Halt und Unterstützung und weiteres Wachstum ermöglicht. Auch mir selbst hat der Innere Dialog viel gegeben. Ich durfte erfahren, welche Möglichkeiten er bietet und wie sehr er das Leben erleichtern und bereichern kann.

Vielleicht besitzt der Innere Dialog weitere Seiten, die ich bisher noch nicht gesehen oder erfahren habe, wundern würde es mich nicht. Ich wünsche mir, dass viele weitere Menschen ihn für sich entdecken und seine Möglichkeiten und Qualitäten für sich und ihr Leben nutzbar machen. Es lohnt sich, über den eigenen Schatten zu springen, etwas Neues und Ungewohntes auszuprobieren und mit dem Inneren Dialog einen Schritt hin zu einem erfüllteren Leben zu gehen.

Anmerkungen

1 Josef Giger-Bütler: Stärker als der Schmerz. Mit chronischen Schmerzen selbstbestimmt leben. Patmos Verlag, Ostfildern 2021, S. 84.
2 Ebd., S. 84.
3 Ebd., S. 85.
4 Die Biopsie, von der hier die Rede ist, hat gezeigt, dass es sich um einen aggressiven und metastasierenden Krebs handelt, der nicht mit der sanften HIFU-Methode behandelt werden kann. Es bedurfte einer Operation mit der Entfernung der Prostata. Die habe ich mittlerweile hinter mir, die Operation ist gut verlaufen und mir geht jetzt schon wieder besser – auch wenn die Ängste immer noch da sind.

Literatur

Martin Buber: Ich und Du. Reclam, Stuttgart 1995

Josef Giger-Bütler: Stärker als der Schmerz. Mit chronischen Schmerzen selbstbestimmt leben. Patmos, Stuttgart 2021

Josef Giger-Bütler: Was ist Depression wirklich? Plädoyer für ein neues Verständnis. Patmos, Stuttgart 2023

Martina Hartkemeyer, Johannes Hartkemeyer, Freeman Dhority: Miteinander Denken: Das Geheimnis des Dialogs. (CD, Originalvortrag), Auditorium, Stuttgart 2002

Beat Kaufmann: Über den inneren Dialog: zur existentiellen Bedeutung der Selbst-Kommunikation. Europäische Hochschulschriften, Reihe 6, Psychologie, Bd. 430, Lang, Bern 1993

Ulrike Lips: Der innere Dialog – Ressource und Chance bei Burnout. Ein kunsttherapeutischer Weg mit sich selbst ins Gespräch zu kommen. Abschlussarbeiten Reihe Kunsttherapie, Band 2 (eBook), unisono institut verlag, Ulm – Berlin 2020

Neues Verständnis von Depression

JOSEF GIGER-BÜTLER

Was ist Depression *wirklich?*

Plädoyer für ein neues Verständnis

Josef Giger-Bütler
Was ist Depression wirklich?
Plädoyer für ein neues Verständnis

160 Seiten, 14 × 22 cm
Paperback
ISBN 978-3-8436-1374-3

Der renommierte Autor Josef Giger-Bütler ist seit mehr als vier Jahrzenten auf die Therapie von Depressionen spezialisiert. In diesem Buch bezieht er deutlich Stellung gegen das Bild, das in unserer Gesellschaft, aber auch in der Medizin von der Depression gezeichnet wird: Häufig wird hier mit großer Eindeutigkeit von einer psychischen Krankheit gesprochen – mit all den verheerenden Folgen für Betroffene. Nach Ansicht von Josef Giger-Bütler braucht es dagegen eine ganzheitliche Sicht auf die Depression und den depressiven Menschen, denn depressives Verhalten ist nicht krankhaft, sondern erlernt – und kann deshalb auch wieder verlernt werden. Mit der Abgrenzung der Depression gegenüber emotionalen Belastungszuständen trägt der Autor zudem dazu bei, dass die Diskussion über die psychischen Folgeerscheinungen der Corona-Pandemie, die häufig als Depression bezeichnet werden, versachlicht wird. Ein Buch, das der Depression einen völlig neuen Stellenwert zuweist – und so dem depressiven Menschen seine Würde und Handlungsfähigkeit zurückgibt.